U0921427

中华姓氏起源与内涵

周德元　著

广西民族出版社

图书在版编目（CIP）数据

中华姓氏起源与内涵 / 周德元著. —南宁：广西民族出版社，2010.12
ISBN 978-7-5363-6113-3

Ⅰ. ①中… Ⅱ. ①周… Ⅲ. ①姓氏—研究—中国
Ⅳ. ①K810.2

中国版本图书馆CIP数据核字（2010）第206918号

ZHONGHUA XINGSHI QIYUAN YU NEIHAN

中华姓氏起源与内涵

周德元　著

出版发行	广西民族出版社（地址：南宁市桂春路3号　邮政编码：530028）
发行电话	(0771)5523216　5523226　传　真:(0771)5523246
E-mail	CR@gxmzbook.cn
责任编辑	覃琼送　韦春明　赵学祥
封面设计	玉荣奖
版式设计	覃琼送
责任校对	黄一清　庞丽明　莫晓东
责任印制	蓝剑风
印　　刷	广西大一迪美印刷有限公司
规　　格	787毫米×1092毫米　1/16
印　　张	8.125
字　　数	120千
版　　次	2010年12月第1版
印　　次	2010年12月第1次印刷
印　　数	1～5000册

ISBN 978-7-5363-6113-3/K·102　　定价：25.00元

内容简介

本书是研究姓名的起源、构成与内涵的专著，包括姓名的起源与选择、姓名学的来由、起名的基本规则、五行的概念及其在起名中的应用等。论述了姓和名从远古时代至今的产生、发展历程，并从汉文化的角度分析了名字的文化内涵；介绍了近年来“姓名学”的各个流派，尤其对时下很流行的日本人推出的“五格剖象法”加以正本清源；对汉字的偏旁部首加以归纳分析，告知读者每个偏旁部首的读音和准确的笔画数，在此基础上给出了计算汉字笔画数的规则；介绍了中国传统文化中极其重要的领域——五行学，确定汉字五行属性的方法及其在姓名学中的应用；介绍了采用中国传统文化中《易经》卦象和命理学起名的好方法及其局限性。

为方便读者查阅，本书将 7100 多个汉字的笔画数、五行属性编辑成字库，读者可以直接查询。这个字库是笔者的首创。

本书还特别强调应该用辩证方法理智地看待传统文化在姓名学中的应用，避免因片面理解传统文化而走入迷信的歧途。

目　　录

前　言

自古以来，世上万物皆有其名。人类的姓名随着人类历史和文化的发展而完善。中华文化的博大精深，使得中国人的姓名具有独特的构成和文化内涵。这是其他国家所没有的文化现象。中国人历来对姓名十分重视，认为这是传承一个家族血统和香火的主要标志。即使在现代社会，中国人对于姓名依然很重视。有时候一个家庭为了孩子从父姓还是从母姓还会发生争执。我们经常可以看到一些媒体公布名单时往往采用“以姓氏笔画为序”的规则。这与国外采用以打头字母排序的规则截然不同。因为在许多种外语中，某一个字母大都没有特定的含义，只表示排列顺序，而中国人的每一个姓氏都有其特定的含义或象征。

中国人的姓名由姓氏和名字两个部分组成。“姓”代表种族的血统，起源于母系社会，称为族姓，是为了在婚配时区分血缘关系而发明的识别标志。据史书记载，三皇五帝之首的伏羲对中华民族的发展做了极其重要的贡献。他最重要的贡献之一是：“正姓氏，通媒妁，制嫁娶。”在原始社会之初，人们群居杂婚，难免有近亲婚育的弊端，伏羲认识到这种危害，为避免血亲通婚，实现优生繁衍，故制定了同姓不婚的婚配制度。这正是中华民族文明进步的重要标记之一。“氏”作为“姓”的分支，形成于父系社会，是区分一个大的种族部落中裂变出来的每个小的家族的。而“名”则是区分每个具体的人的标志。

中华民族数千年文明史的发展和延续与姓氏的产生和演变密不可分。站在历史学的角度来看，如果没有姓氏这个概念的发展和传承，无法想象中华文明将是什么样的面貌。中国古人的姓名和现代一样，是人们在社会交往中用来代表个人的标识和符号的。人们常常听到“我们是同姓，五百年前是一家人”，可见人们对姓氏和名字的重视程度。姓名的形成和发展与中国数千年来的文明史和文化传承密不可分。

近年来有一种观点认为，中国人的姓氏从古代的种族部落衍生而来，基本上保持一个种族部落的遗传特征。姓氏遗传学家、中国科学院遗传与发育生物学研究所研究员袁义达先生在2002年提出了“姓氏基因”的概念，认为姓氏在一定程度上与遗传基因有关。这一研究成果的发表引起世人关注，也为中国人的姓名研究开辟了一个全新的领域。

在上古时代，姓主要是作为区分种族部落的特定标志符号。当时的生存环境决定了每个种族在一个特定的区域（或者叫属地）内活动。因此，当时的姓大多与地名有关，或者与这个部落的首领有关。随着历史的推进、文化的发展，中国人的姓名又逐步从为了区分每个不同的个体人的单纯的姓名，发展到具有特定含义或象征的姓名。

中国人起名考虑的因素很多。诸如家族排行、住地名称、行业选择、事业期望、男女性别等。例如，受“平安就是福”的理念的影响，中国人起名首选的含义是吉利。

根据职业不同，还有不同的选字范围。文人起名大多与文化有关，武人起名大多与勇猛、坚毅有关，商人起名大多与财富有关。

在不同的历史时期，人们的名字受到不同时代的影响。在五四运动时期，有些中国人的名字开始使用“乔治”、“约瑟”、“玛

丽”等带有外来色彩的名字。当时还有一些人受赫胥黎《天演论》“物竞天择，适者生存”进化论观点的影响，使用“天择”、“竞存”等名字。在新中国成立初期，许多人起的名字叫“解放”、“建国”。在20世纪50年代末“大跃进”时期，出现了许多叫“跃进”、“超英”、“卫星”的人名。在“文化大革命”时期，许多人改名为“革命”、“卫东”、“红梅”、“险峰”。以上列举的名字都打上了很明显的时代烙印。

正因为中国人的姓名具有其独特的文化内涵，在历史的长河中，伴随着中华文明史的发展，中国人的姓名也逐步成为一门具有中国特色的学问。

古人和今人对姓名的选择已经有着数千年的传承，并且从单纯的姓名派生出“大名”、“别名”、“字”、“号”、“笔名”等，古今许多伟人、名人的姓名就有许多讲究。可惜的是现在中国人的姓名除了“大名”和“笔名”还在普遍使用外，已经很少见到“字”、“号”等用法。但是，互联网时代的特点也给中国人的姓名增加了新的风景，许多人在上互联网时给自己起了“网名”。一个人的姓名往往是由家族长辈起的，而“网名”与“字”、“号”和“笔名”有类似之处，一个人完全自主起名，可以充分反映自己的个性和特点。“网名”这个概念在古代是无法想象的。

现在书店里与起名有关的书籍汗牛充栋，专门的起名店比比皆是。时下最流行的起名术叫“五格剖象法”，从笔画计算，产生总格、外格、天格、人格、地格，然后给出某个笔画数的吉凶。笔者认为，这种方法有五个误区。

其一，笔画数的计算应该以繁体字为准，许多人对繁体字已经不熟悉，因此笔画数的计算不准确。

其二，简化字与繁体字不是一一对应的，也会导致笔画数的计算出错。例如，简化字“历”，它对应的繁体字有两个：“曆”

和“歷”。前者是日曆的曆，后者是歷史的歷。

其三，即使是繁体字，也另有计算规则，不能简单地用书写规则计算其笔画数，例如：双耳旁“阝”（念 fù），如果简单地按书写规则计算，是两画，其实不然，左耳朵应按照八画计算（例如“陈”字），右耳朵应按照七画计算（例如“都”字）。又如：走之旁“辶”（念 chuò），如果简单地按书写规则计算，是三画，其实是七画。笔者在本书中已经将 196 个偏旁部首的笔画数和 7100 余个常用汉字按照笔画数分类列表，读者可以直接查找。

其四，很多人误以为这种起名的方法是日本人雄崎健翁发明的。其实，“五格剖象法”的源头在中国，是 1931 年中国人杨坤明先生在他出版的《中国姓名学》一书中正式提出并传世的。

其五，在计算了笔画数之后，根据笔画数去查找每个数字对应的吉凶解释条文。但是没有交代每个数字对应的条文的依据是什么，让人们知其然不知其所以然。

由于“五格剖象法”使用简便，不需要更多的其他知识，很容易普及推广。因此，近年来这种方法颇为流行，成为许多人用来测人生吉凶的工具。笔者认为，在姓名学领域，也应该提倡“百花齐放”，对于这种方法“仁者见仁、智者见智”。在姓名学这个特殊领域中，本来就没有标准的方法和规则之说。

另外一种起名方法是把五行（金、木、水、火、土）联系在一起，五行缺者添加，五行少者增加。这种起名方法增加了中国传统文化的内涵，较前一种单纯计算笔画数的方法进了一步。但是，需要解决两个问题。其一，确定一个人五行的依据，首先需要排出他（她）的八字，然后看五行是否齐全或缺少（本书的主题不是讨论排八字，因此不作赘述。仅列出排八字规则）。其二，如何确定每个字的五行属性，这是目前一个流行的误区。许多专业的起名人士往往依照每个字的偏旁部首确定其五行属性。缺木

者选用带木旁的字，诸如“林”、“森”、“材”、“松”等；缺水者选用带三点水的字，诸如“江”、“湖”、“汉”、“沛”等。试问，不带五行偏旁的字如何确定其五行属性？诸如：周、国、颂、全、方……为解决这个问题，笔者在书中阐述了自古以来确定汉字五行属性的规则，并将 7100 余个常用汉字的五行属性分类列表，以供读者直接检索。

这些因素的综合考虑，使得对姓名的研究更加丰富多彩，成为一门真正意义上的学问。

本书内容是讨论中国人姓氏的起源，阐述中国人姓名的构成和内涵。写作此书希望能为中国特有的姓名文化延续传承贡献绵薄之力，纠正起名领域中的一些世俗误区。本书的宗旨是辩证地梳理和解析姓名学的内涵和外延，进而帮助读者能更加理性地而不是片面或绝对地应用传统文化知识去预测人和事。只有正本清源，才能使中国传统文化真正发扬光大，不被江湖上的神秘化和绝对化所误导。

这里要郑重声明的是，本书没有任何宣扬迷信和神秘的企图，只是从一个全新的角度告诉读者中国人姓名的起源和如何起一个好的名字。起一个好名字是每个人的正常想法和需求。要提醒读者的是，一个人起了好名字未必能确保一生大富大贵、吉祥平安，他（她）后天的生存环境、生活经历、个人的操守和行为则更重要。现实社会中许多案例告诉我们：“名字好的人未必都是英雄，名字不好的人未必都是罪犯。”

第一章　姓氏的起源

姓名是由“姓氏”和“名”两部分组合而成的。因此，要了解姓名的起源，就需要了解“姓氏”和“名”出现和形成的过程。

中国是世界上最早使用姓氏的国家。在“姓”和“氏”的概念先后出现并形成后，后来却就一直混合使用，“姓氏”逐渐成为一个专门的名词。现在的人们已经把姓氏作为一个概念或名词使用，例如，现在的报刊上经常可以见到排名的一种说法：“以姓氏笔画为序”。实际上是以“姓”的笔画为序，是把姓氏作为一个名词使用。在古代，从母系氏族时代开始，最初出现并使用“姓”和“氏”时，“姓”和“氏”是两个不同的概念，二者有严格区别。

“姓”代表一个人属于哪个种族的血统，它是一个族的标志，所以产生了“种姓”这个名词。它的直接作用是将每个人所属的种族加以区分开来。它的间接作用之一是对不同的血统加以区分，从而避免了因近亲繁殖而导致人种的退化。我们的祖先在逐步认识到“男女同姓，其生不蕃”的道理之后，开始形成了最初的人伦观念，明白了区分“种姓”能防止近亲繁衍。被列为三皇之首的伏羲氏（太昊）是我国上古时期著名的部族首领，他也是中华民族的“人文始祖”。虽然夏、商、周之前的纪年目前仍然是空白，但史学家们公认的是，伏羲生于成纪（即今天的甘肃天

水），建都于陈，并葬于陈（即今天的河南淮阳）。所以淮阳自古就称为“太昊之墟”。伏羲氏对中华文明发展最重要的贡献之一是：“正姓氏，通媒妁，制嫁娶。”在原始社会之初，人们群居杂婚，难免有近亲婚育的弊端，伏羲氏认识到这种危害，制定了一套同姓不婚的嫁娶礼仪制度，从而避免了血亲通婚，实现优生繁衍。姓作为“远禽兽，别婚姻”的符号，是中华民族文明进步的重要标记。因此，可以说姓氏的产生，对中华民族乃至人类的进步功不可没。中国最早的“姓”就产生在这个时代。传说女娲姓“风”，是中国的第一个姓。从另一个角度来看，中国的姓氏体系中以姓氏为基础的婚姻结构，保证了中华民族能科学、健康地繁衍生息。这正是中华民族人口众多的主要原因之一。

随着人口不断增加，原来规模不大的各个种族部落人口越来越多，一个大的种族部落，裂变成了若干小的群体，形成以相对固定的婚姻关系为基础的家族，为了区分和识别同一个部落内部各个不同的家族，并解决资源分配（粮食、居住设施等）、人与人交往中互相区分识别等问题，产生了“氏”的概念。一个以“姓”为标志的大部落用“氏”来加以区分各个小的以婚姻关系为基础的小群体。因此，“氏”成为“姓”的支系，“氏族”的概念由此产生。在人类文明史上，“姓”产生于母系社会阶段。在现在还残留的母系社会结构的地区依然能提供很好的佐证。在云南宁蒗彝族自治县的泸沽湖地区，摩梭人依然保持着母系社会的结构，因此，当地的人都跟随母姓。此外，高山族、拉祜族、德昂族（崩龙族）等少数民族的姓名中母姓是第一位的。

“氏”最早形成于母系社会和父系社会的交替时期。在黄帝时代就有“胙（zuò，赐予）土命氏”的说法。随着氏族制度的解体，阶级社会和国家制度的形成，统治者开始采用以赏赐封赠的土地来命名“氏”的做法。以此为开始，后来命名“氏”的做

法更加多样化，不再局限于以封地确立“氏”的一种模式。因此，出现了更多的“氏”。

传说和文献中出现的“氏”有数百个之多。最早出现的是盘古氏、天皇氏、地皇氏、人皇氏、五龙氏等。随后出现了22个氏：钜灵氏、黄神氏、鬼隗氏、空桑氏、次民氏等。后来又增加了13个氏：辰放氏、蜀山氏、混沌氏、有巢氏、燧人氏、庸成氏等。在这个时期，最重要的氏主要是有巢氏、燧人氏和中皇氏。有巢氏教人们架木为巢，掘地为营；燧人氏则发明了钻木取火，教人熟食，教民结绳记事；中皇氏的首领是仓颉，他创造了文字，替代了燧人氏发明的结绳记事。到了伏羲时代，在中原地区出现了共工氏、柏皇氏、朱襄氏、昊英氏、栗陆氏、赫胥氏、昆吾氏、葛天氏、阴康氏、中皇氏、女娲氏等多个部落。

在女娲氏之后为神农氏，即炎帝，是当时主要的部落“华族”的首领。黄帝姓公孙，名轩辕，是当时另一个主要部落“夏族”的首领。现在常说的“华夏民族”正是来源于此。黄帝所在部落也叫做有熊氏。黄帝继承炎帝之位，统一了中原大地。黄帝有25个儿子，其中有能力建立自己部族的只有12个，因此得到12个“姓”：姬、酉、祁、己、滕、箴、任、荀、僖、嬉、儇、依。这12个姓实际上就是黄帝的大部落有熊氏的分支。到了黄帝时代，中国的“姓”基本已经形成规模和体系，最古老的姓基本都出自炎、黄两帝之后。这也正是人们常说的“炎黄子孙”的依据。

秦始皇统一六国建立秦皇朝之后，他采取比周朝更强有力的措施推行“车同轨、书同文、行同伦”。在“行同伦”的大原则下，姓氏体系更加完善，在这个时期，“姓”和“氏”开始合二为一，并称为“姓氏”。子孙后人开始规范地使用祖先的姓氏，正式形成了一脉相传的家族，每个家族的血统变得更为清晰和严谨。自那时开始，中国人同姓聚居的习俗更加普遍。即使分裂出去移居别地的后裔，也能通过修谱联宗的方式寻根问祖。所以，中国人的每个姓氏家族在理论上说都能追溯自己的家族史，找到血缘所出。

我国到底有多少姓，至今尚未有一个精确的统计数。在北宋初年由浙江钱塘一位书生编著的《百家姓》中，单姓有 444 个，复姓有 60 个。《百家姓》以韵文形式，将当时的常见姓氏用四字排列，十分严整。值得一提的是，《百家姓》的作者对于姓氏的排列顺序受了当时统治者和等级观念的影响，而不是现在流行的以笔画数为顺序。如第一组的“赵钱孙李”，“赵”是宋朝的国姓，“钱”是吴越统治者的姓（还有一种说法是《百家姓》的作者就是姓钱），“孙”据说是吴越统治者的正妃姓孙，“李”是指南唐统治者的姓。第二组“周吴郑王”，都是吴越的名门望族。人们在习惯上把中国人的姓氏统称为“百家姓”，其实在明代（1368～1644 年）就有 3000 多个姓之多。在明代曾经有人编著了《千家姓》一书。在巫声惠先生编著的《中华姓氏大典》（河北人民出版社，2000 年版）中介绍，中华民族的姓氏有记载的多达 7000 余个。当然，这 7000 余个姓不只是汉族的姓氏，还囊括了属于中华民族大家庭的各个少数民族的姓氏。

每个姓氏的产生已经在古代姓氏产生的基础上增加了许多来源。有以家族图腾定姓氏的：熊、罴、豹、虎、龙等；有以封土属地为姓氏的；有以国家名称为姓氏的；有以居住地为姓氏的；有以官职为姓氏的；有以职业为姓氏的；有以山河江湖名称为姓氏的；有皇帝赐姓氏的；还有以数字、季节、方位、气候、花木等为姓氏的。

每个姓氏的形成各有其自身的过程，相同的姓未必就是一个起源。如“贺”姓，有的是原姓“贺兰”或“贺敦”，简化为

"贺";有的是原姓"庆",因避皇帝的忌讳而改姓"贺"。因此,严格地说,凡是同姓就是"五百年前一家人"的说法未必准确。有许多家族的姓氏在历史长河中不是一成不变的,会因为朝代更迭、地理迁移、民族联姻、入赘招婿、忌讳避祸、隐姓埋名等各种原因而发生变化。也就是说,由于诸多历史原因,同姓未必同宗。即使如此,中国人的姓氏对于中华民族的凝聚力的作用是不可替代的,也是中华民族特有的。

姓氏大体上有以下来源:

一、在母系氏族社会时代,人们都从母姓。传说上古时代神农氏的母亲叫女登,所以最初出现的许多姓都是以女字为偏旁部首,如:姑、姬、姜、妫、姒等。

二、以封地和采邑为姓。古代的国君和诸侯时常赏赐大臣和贵族封地和采邑,得到封地和采邑的人的后代便以此为姓。例如,周昭王有一个庶子被封于翁地,他的后代因此姓翁;周公旦有一个儿子被封到邢国为邢侯,他的后代便姓邢。又如,在周武王时代,曾经封当时的司寇(官职名)忿生采邑于苏(今河北省临漳县西),忿生的后代便姓苏。在所有的姓氏中,以采邑为姓的为数很多,有 200 个左右。这些姓氏已经脱离了原有姓的血统的遗传关系。

三、直接以国名为姓。例如,夏、商时代都有个小国叫汪芒,该国国君的后代得姓为汪;又如,商朝时代,在关中泾水和渭水之间有个小国叫阮,该国国君的后代得姓为阮。春秋战国时期的很多诸侯国:齐、鲁、晋、宋、郑、吴、越、秦、楚、卫、韩、赵、魏、燕、陈、蔡、曹、胡、许等,这些国名都已经成为后世常见的姓。

四、以一个家族始祖的出生地或家族居住地为姓。传说上古时代虞舜出生于姚墟,故舜的后代以姚为姓。春秋时代齐国的一

些贵族分别住在当时齐国首都的东郭、南郭，这两个家族便以东郭、南郭等为姓。有个大夫住在西门，这个家族便以西门为姓。一些常见的姓：裴、陆、阎、郝、欧阳、邱、门、乡、闾、里、野、官等的产生都与居住地有关。

五、以官职或职业为姓。古代有司徒、司马、司空、司士、司寇等官职，这些官员的后代大都以其祖先的官职为姓。又如，籍、谏、库、仓、军、厨等姓均与其家族的某一位祖先当时的职务或职业有关。

六、国君赐姓。如周穆王死了一个宠姬，为了表示哀痛，赐她的后代姓痛；周惠王死后追赐为“惠”，他的后代便姓惠。明代燕王朱棣当上皇帝后，太监马三保因有功而被赐姓为“郑”，也就是后来率领船队下西洋的郑和。据说，西夏国的国姓为李，是唐代的君主所赐。

七、以祖辈的字为姓。如郑国公子偃，字子游，其孙便姓游；鲁孝公的儿子，字子臧，其后代便姓臧。

八、因神话中的传说为姓。传说舜时有个纳言官自称是天上龙的后代，其子孙便以龙为姓。

九、因避讳或某种原因改姓。比如战国时代齐国的田忌（著名的典故“田忌赛马”相信知道的人很多）的后代本姓田，齐国被秦灭了，其子孙不敢姓田而改姓法。汉明帝讳“庄”字，凡姓庄的都改姓“严”。

十、以先辈的名字中的字为姓，这样产生的姓也很多，有500个左右。例如，周平王有个庶子的字为林开，其后代便以林为姓；宋戴公之子——公子充石的字为皇父，其孙以祖父字皇父为姓，这个姓在汉代改为皇甫。

十一、以家族内兄弟排行的顺序为姓。大家都知道“伯、仲、叔、季”的说法，一个家族内的老大叫作“伯”或“孟”，

老二叫作“仲”，老三叫作“叔”，老四叫作“季”等。后代相沿为氏，表示在宗族中的顺序。

十二、以从事的职业和技艺为姓。如巫、卜、陶、匠、屠等姓均与职业有关。

十三、古代少数民族融合到汉族中之后带来了一些汉族本来没有的姓。

中国科学院遗传与发育生物学研究所研究员袁义达主持研究的课题“中国姓氏统计”，从遗传学的角度对中国人的姓氏进行研究，认为姓氏是连接文化遗传和生物遗传的桥梁。例如，从周代开始中国形成了姓氏随父亲的习俗。遗传学的研究表明，只有男性具有Y染色体，因此，Y染色体就同姓氏一起以父系的路线遗传给男性后代。具有同样姓氏的人群也就具有了同样类型的Y染色体以及它所携带的遗传基因。这个研究成果给人类遗传学研究开辟了全新的领域。例如，该课题的调查发现，有些遗传疾病仅仅在某些相同姓氏的人群中传播。这对于研究治疗这一类遗传疾病很有帮助。

第二章　名字的选择

姓名是由姓氏和名字组成的。除了少部分人是由帝王赐姓或因忌讳避祸改姓而来，绝大多数人的姓是延续祖先的姓氏，这是先天就决定了的。姓氏，把一氏族的人与另一氏族的人区分开来，而在一个氏族内部，为了每个人彼此加以区分，需要用于标志每个具体的人的“名”，这是后天形成的。“名”的产生是在姓氏确定之后社会文明发展的需要，是必然的产物。在社会交往中，在自己族群内部只用“名”就可以加以区分，但在族群之外的社会活动和交往，还需要把自己氏族的“姓”与自己的“名”结合在一起，才能清楚地表明自己，区别于他人。这样就构成了完整的姓名。

随着社会的发展和文化的进步，姓名又被赋予了许多新的内涵。姓氏从家族的祖先那里继承而定，属先天注定的部分。“名”则是一个人出生以后起的，属于后天选择的部分。正由于“名”是后天选择的，具有自由度，因此，人们可以给“名”增加许多个性化的、丰富多彩的内容。“姓”和“名”二者的结合形成了中国特有的姓名文化。

中国人的名字不但有“大名”（或者叫“正名”），还产生了“字”、“号”、“小名”、“绰号”等。在现在的互联网时代，又出现了“网名”。“大名”的确定大都与家族或长辈有关，而“字”、“号”、“小名”、“绰号”、“网名”则完全可以由个人自行选择确

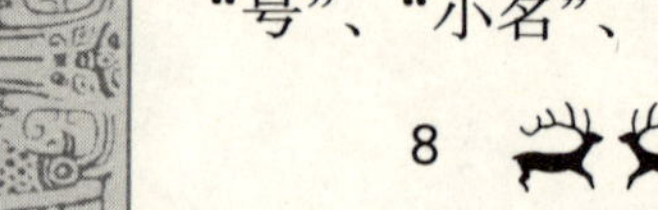

定。除了“小名”这个概念在国外也有“昵称”、“爱称”等类似概念外，“字”、“号”是中国特有的姓名文化风景线。

中国人对名字的选择大体上有以下几种规则：

一、根据家族中的辈分按照字序排行

这是最具有中国历史渊源特色的规则。一些大家族，尤其是那些有历史渊源的名门望族很讲究按照字来排辈分。常见的方法是家族的某一位祖先定下了几十个字（大多是一句格言或一首诗词），然后每一代依次按照这些字的顺序排辈起名。就算这个家族的后人由于各种原因而迁徙分散到各地，后人之间只要见到排序的字，立即就能知道对方在家族中是什么辈分，从而分清长幼。最著名的例子是孔子家族的按字排辈起名。例如，明洪武年间（1368～1398 年），明太祖朱元璋赐孔氏五十六世至六十五世名派为：希言公彦承　弘闻贞尚胤。但到了六十一世时，应该用“弘”字为名，此时已是清朝，“弘”字犯了清高宗弘历（即乾隆皇帝）之名讳，故将“弘”字改为“宏”字。到了六十五世时，应该用“胤”为名，却又犯了清圣祖皇太子的名讳，所以将“胤”改为“衍”字。六十五世衍圣公孔胤植奏请皇帝恩准，又赐六十六世至七十五世的名派为：兴毓传继广　昭宪庆繁祥。清同治二年（1863 年），当时的七十五世衍圣公孔祥珂奏请皇帝恩准，再新赐七十六世至八十五世的名派为：令德维垂佑　钦绍念显扬。到了民国八年（1919 年），已经没有皇帝赐名派的可能，因此，七十六世衍圣公孔令贻又自拟八十六世至一百零五世名派为：建道敦安定　懋修肇彝常　裕文焕景瑞　永锡世绪昌。而且为了显示孔氏的与众不同，孔家报请北洋政府内务部备案，于民国八年（1919 年）正式颁布后在全国实行。这在全国是绝无仅有的。

二、按照字义的排行

与第一种规则主要考虑各个辈分之间的长幼顺序不同，这种

排行的规则，主要用于家族的同个辈分内部的长幼排行。这样的排行起名既可以用数字表示，又可以根据字义有多种表示。例如，按翱、翔、飞排行；按伯、仲、叔、季排行；按金、银、铜、铁、锡排行；按龙、虎、豹、彪排行；按风、云、雷、电排行；按春桃、夏荷、秋菊、冬梅排行，等等。这种按照字义排行起名的现象，是丰富多彩的汉文化独有的姓名特色，其浓厚的文化色彩是其他国家所没有的。中国周边的一些国家（日本、韩国、新加坡、越南、马来西亚等）由于受汉文化的影响，其国人的姓名也打上了汉文化的烙印。

三、纯粹按照数字顺序排行

这种规则大多用于起“小名”。对家族中同一辈分的子女按照长幼次序分别起对应的“小名”。例如，梁山泊好汉武松，他的哥哥与他分别叫做武大郎、武二郎，在《水浒传》中，他的哥哥的大名没有出现，小名成了大名。中国的民间俚语中的“张三李四王二麻子”、“老大、老二、老幺”等用语正是这种规则的例证。按数字排行的规则也流传到了中国的周边国家，在日本人的姓名中叫一郎、大郎、太郎等名字的不乏其人。

四、根据一个家族价值观和对此人的期望起名

有一句成语叫“望子成龙”，很多人希望自己的后代能出人头地、大富大贵。或者，人们期望自己的后代在学术上能有所造诣并事业有成等，这种价值观和期望也反映在给子女起名时的选择。例如，由于“文化大革命”的历史原因，许多人在那个年代没有机会进入高等院校接受正规的高等教育，“文化大革命”结束后，恢复了高考，他们只能把自己未能实现的愿望寄托在子女身上，不少人在给子女起的名字中印上了这样的烙印。中国人受这种传统观念的影响始终存在，只是时至今日，也许对上述期望在姓名上的表述没有古代那么直白，显得更加含蓄。

五、根据“平安是福”的愿望起名

中国的传统文化中有一个古训——“平安是福”。有些人不求自己的子女大富大贵，只希望他们一生平安，这是受儒家文化的“中庸之道”的影响。因此，在中国人的名字中使用“平”和“安”这两个字的频率很高。这是中国人为后代起名选字的主流之一。

六、根据当地的习俗、民风起名

中国的国土辽阔，民族众多。从南到北、从东到西，各地的地域名称、风土人情迥异。姓名作为一种文化，也充分反映了各地的风土人情。例如，在江浙一带，女性名字中用“仙”、“芳”等字的相当多，这与江南水乡的生活环境有关。在巴蜀地区，很多人的名字中有“川”字，其原因是表明其人是四川人。在齐鲁大地，很多人用“鲁”字作为名字。在云南昆明地区的人们，使用“昆”字作为名字的特别多。实际上人们使用这些地名的字大多是为了表达此人的居住地在何处，并不是考虑了被选用的字的本义。当然这些字的本义也都是不错的，否则人们不会选用。例如，北京的地名中有“公主坟”、“八王坟”等，但是那个地区的人不会将“坟”字用在名字中。

七、根据时代特点起名

在不同的历史时期和年代，人们起名不可避免地带有时代的烙印。例如，在五四运动时期，一些比较早接触外来文化的中国人受当时的“民主”、“科学”思潮的影响，选用“德”（英语中“民主”这个单词是Democracy，第一个音节的发音是“德”，当时称为德先生）、“赛”（英语中“科学”这个单词是Science，第一个音节的发音是“赛”，当时称为赛先生）作为名字。有些人直接使用“乔治”、“约瑟”、“玛丽”等带有外来色彩的名字。在

抗日战争时期，一些革命人士的子女出生在延安，所以很多人的名字都与延安相关。在新中国成立初期，许多人的名字叫“解放”、“建国”。在 20 世纪 50 年代末“大跃进”时期，出现了许多“跃进”、“超英”、“卫星”的人名。在“文化大革命”时期，许多人改名为“革命”、“卫东”、“红梅”、“险峰”。

八、根据个人兴趣、爱好、志向抱负起名

这一类的名字在社会上相当多，不必多加解释，也许你自己或你周围的人就是采用这样的名字。

第三章　姓名学的由来

我国古代的先贤对于人的姓名颇为重视，自古以来就有人致力于姓名的研究。孔子曰："名不正则言不顺。"苏东坡说："世间唯名实不可欺。"古代又有名言："有其名必有其实，名为实之宾也。"在东汉许慎编的《说文解字》一书中，训"名"为"命"，"名自命也"。但是，大多数对姓名的研究仅着重于姓名用字的字义分析，没有把姓名的构成作为一个综合体系去研究。至于将姓名与八字、五行、《易经》联系在一起进行全息理论研究的更是凤毛麟角。

近代中国第一个正式提出"姓名学"概念的是原籍福建的台湾人杨坤明先生，他 1931 年在厦门出版的《中国姓名学》可以说是第一部真正意义上关于姓名学的著作。

据说，杨坤明先生研究姓名学是受了两个传说的启发。一个传说是，唐太宗李世民魂游阴曹地府时，阎王将其三十三岁阳寿的两个"三"字各添两笔"丨"，把三十三改为五十五，结果唐太宗活了五十五岁。另一个传说是，南极星君、北极星君在"十"字上加一画"乚"将一个牧童原本只有十九岁的寿命改为九九，牧童于是活到九十九岁。这两个民间传说故事给他启发：一个汉字的笔画数竟然能在传说中与生死寿命牵扯、相关。于是，他开始了姓名学研究。他在《中国姓名学》中确立的学说的原理和特点是：

1. 第一次提出了姓名中“天”、“地”的概念。以姓为天，以名为地。

2. 笔画数能影响一个人的吉凶状态。而且，奇数为阳，偶数为阴，阴阳数的组合也能影响一个人的吉凶状态。

3. 把笔画数归纳为八十一个数，提出了“八十一数吉凶判断辞”。

4. 一个字的笔画数按照书写习惯计算（在那个年代必然是以繁体字笔画计算），不采用《康熙字典》中笔画数的计算方法。

5. 对于姓名所用的字，没有引入五行的概念。

6. 更为特别的是，他提出了“姓（笔者注：针对复姓而言）与名的第一字”的笔画数之和数为“司令数”，主其人一生的命运；名的笔画数之和数为三十六岁之前的运气；全姓名笔画数之和数为三十六岁之后的运气。这一规则具有一定的操作性，可惜的是，没有加以说明它的依据是什么。

不可否认，杨坤明先生开创了近代姓名学研究的先河。现在能见到的用笔画数分析姓名，推断一个人的命运的书籍，基本上都是脱胎于他的学说。

由于受汉文化的影响，一些周边国家，例如日本、韩国、新加坡也有不少人对汉字组成的姓名进行研究。日本学者雄崎健翁把杨坤明先生的研究成果改头换面，作为自己的学说。他将杨坤明先生提出的“天、地”概念换成“天、地、人”三才的概念，再自创了“总格”、“外格”的概念。而且，对于笔画数的计算，由于日本汉字是在唐代传入日本的，与古汉字血缘更近，与现代汉字有所不同，书写习惯也不尽相同（例如，在书法领域日本人推崇的“永字八法”，显得很单薄，而中国的书法领域则博大精深），所以他引入了《康熙字典》中笔画数的计算方法。他首先提出了姓名中五格（总格、外格、天格、人格、地格）的概念，

将自己的学说命名为“五格剖象法”（又称“熊崎氏八十一数姓名学”，也叫做“数理五行法”），并美其名曰“圣学”。日本人的现代商业营销才能使得熊崎氏这种方法的传播速度和范围都超过了其源头杨坤明先生的学说，甚至传入新加坡、韩国等地。最有意思的是，此方法从东北传入中国后，成为了时下中国姓名学的主流。殊不知，它的源头来自中国。学说在改头换面后回来了，但是没有认祖归宗。这有点像20世纪80年代以前中日两国之间的围棋水平状况。围棋是中国发明的，但在相当长的历史时期内，日本的围棋水平超过了中国（好在现在的状况改变了，这与中国现在的国力强大有关）。笔者认为，汉字是中国的国粹之一，以汉字和中国传统文化为基础的姓名学领域需要正本清源，在它的发源地得以弘扬和发展。

现在社会上常见的姓名学的各个流派基本上只局限于对“姓氏”和“大名”的研究，如果把对于“字”、“号”、“小名”、“绰号”、“网名”的研究也正式纳入姓名学范畴，则姓名学涵盖的内容必将更加广博。可惜的是，目前还很少见到这一类的研究文章和心得。有兴趣的读者不妨对“字”、“号”、“小名”、“绰号”、“网名”开展研究。那将在姓名学领域独树一帜，开创新的流派。

第四章　起名的基本规则

如前所述，人们使用的起名规则五花八门，各有特点。社会上更多人的起名是追求单个名字含义的吉利。所以，中国人用“福”、“富”、“财”、“发”、“官”、“大”、“冠”、“胜”、“建”、“强”、“仙”、“芳”、“玲”、“华”等字作为名字的特别多。

随着中国近年来对传统文化的回归现象，人们对姓名的吉利与否日趋重视。时下最流行的是以计算笔画来判断名字是否吉利的方法，也就是前面提到的所谓“五格剖象法”。这种方法先把一个人的姓和名的笔画数加以计算，得出外格、天格、人格、地格、总格五个数，并编制了每个数（共八十一个数）对应的吉凶解释列表。然后，把此人外格、天格、人格、地格、总格五个数对照列表查阅其人姓名的吉凶与否。笔者认为，首先，单纯用数来分析一个人的命运是否吉利无疑不可靠。何况，上述列表中只列出了每个数表征吉利或凶险，却没有解释为什么这个数表示吉利，那个数表示凶险，缺乏依据，让人知其然不知其所以然。其次，笔画应该按繁体字还是按简体字计算，一般的理解是按繁体字计算。但是，现在不仅年轻人而且许多中老年人对繁体字已经很陌生。再次，汉字偏旁部首的笔画计算与常规书写习惯不同，它需要回溯到该偏旁部首的字根。例如“三点水”旁，计算笔画不能算作三画，而是按照“水”来计算，故为四画。又如，走之旁“辶（念作 chuò）”，如果简单计算是三画，其实应按照“走”

字计算，故为七画。又如，耳朵旁“阝（念作 fù）”，书写上算作两画，其实不然，如果是左耳朵旁（例如“陈”字）应按照“培”字去掉土字旁的字根计算笔画，故为八画（也有一说，按照“阜”字计算，也是八画）；如果是右耳朵旁（例如“都”字），应按照“邑”字计算笔画，故为七画。上述例子说明，计算一个汉字的笔画相当复杂，需要熟悉《康熙字典》，可惜现在熟悉《康熙字典》的人太少了，难以普及。为此，在一些写得比较好的“五格剖象法”的书中大多列出了每个常用字的笔画数。遗憾的是，如果读者仔细查阅，将会发现有些书计算的笔画有不少错误。

现在的人们起名还有一个习惯，尽量选用吉利、高雅、寓意好的字，这无可厚非。但是，这样会局限了选字范围。在哲学上有个“否定之否定”的定律，在数学上有个“负负得正”的定律。同样，在姓名学中也可以采用这种规则，有些不吉利的字，只要搭配得当，也可以成为很好的名字。例如，梁羽生武侠小说《大唐游侠传》一个主角的名字叫“段克邪”，这个“邪”字，极少有人单独用于名字中，但加上“克”字，却成为一个很好的名字。历史上就出现过类似“无垢”、“却非”、“去非”等名字。因此，在起名时，把视野扩宽，往往能起一个更有文化品味和内涵的好名字。

当今社会还有一个现象是重名的人太多。就在 2008 年国庆节期间，互联网上有消息说现在名字叫“国庆”的人在中国达 40 多万名，还出现过因为重名而误抓好人的案例（当然后来纠正了）。导致重名的主要原因之一是选字范围被局限，没有充分利用博大精深的传统文化和丰富多彩的汉字。

本书讨论的起名规则是基于中国传统文化多个领域，其中包括命理学、五行概念、易经卜卦、训诂（形训、音训和义训）

等。在起名时分为四个步骤依次进行：

1. 排八字。

2. 查五行。

3. 选字义。

4. 看卦象。

具体地说，首先排出其人的八字；接着看他的八字中五行是否齐全，如果五行不全或某一种五行偏少，则按照缺什么五行补什么五行、少什么五行加什么五行的原则，正确选择与五行属性对应的字；在选出的字中根据个人的期望、喜好、忌讳等因素挑选字义合适的组合，这样就得到一组名字；再按照对姓名起卦的规则对各组名字占卦，最后选用卦象好的作为选定的名字。

第五章　如何排八字

一提起“排八字”，就令人想起命学之类的问题，在此是因为起名需要查五行而排八字。本书并非专门讨论八字的命学类书籍，因此，不涉及排八字的更深入的课题，例如，排八字往往会遇到的早子时和晚子时问题、闰月的问题等，更不涉及八字推命的范畴。本书只阐述如何按照一个人的出生年、月、日、时辰四个参数排八字的基本规则，这对于起名而言，已经足够了。

所谓八字，指一个人出生的时间（年、月、日、时辰）可以用八个字表示。其中，年份两个字（即年干支，又称年柱），月份两个字（即月干支，又称月柱），日子两个字（即日干支，又称日柱），时辰两个字（即时干支，又称时柱），一共八个字，谓之八字。例如，某人 1974 年 8 月 25 日（公历）5:00～7:00 之间出生，首先将公历换成农历，此人是甲寅年癸酉月甲申日丁卯时出生，然后可得其人的八字为：甲寅、癸酉、甲申、丁卯（注意：这里的年、月、日均需要用农历表示）。

年、月、日、时辰均以十个天干、十二个地支的排列组合表示，也就是人们常说的六十甲子。所谓十个天干是指：甲、乙、丙、丁、戊、己、庚、辛、壬、癸。所谓十二个地支是指：子、丑、寅、卯、辰、巳、午、未、申、酉、戌、亥。在命理学中还有六十甲子纳音之说，这不是本书涉猎的范畴，所以下面的六十甲子表只是列出了六十甲子，没有包含纳音的内容，如果读者对

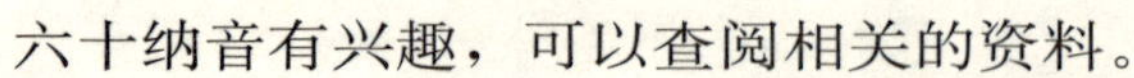

六十纳音有兴趣，可以查阅相关的资料。

六十甲子表

天干 / 地支	甲	乙	丙	丁	戊	己	庚	辛	壬	癸
子	甲子		丙子		戊子		庚子		壬子	
丑		乙丑		丁丑		己丑		辛丑		癸丑
寅	甲寅		丙寅		戊寅		庚寅		壬寅	
卯		乙卯		丁卯		己卯		辛卯		癸卯
辰	甲辰		丙辰		戊辰		庚辰		壬辰	
巳		乙巳		丁巳		己巳		辛巳		癸巳
午	甲午		丙午		戊午		庚午		壬午	
未		乙未		丁未		己未		辛未		癸未
申	甲申		丙申		戊申		庚申		壬申	
酉		乙酉		丁酉		己酉		辛酉		癸酉
戌	甲戌		丙戌		戊戌		庚戌		壬戌	
亥		乙亥		丁亥		己亥		辛亥		癸亥

注：天干与地支的对应关系应根据天干和地支各自的序号，分别按偶序号对偶序号，奇序号对奇序号的规则排列，而不是全排列组合，所以只有六十个干支，不是一百二十个干支。

年份、月份、日子的干支均可以按照六十甲子推算。但是，一般人如果要自己去推算，推算过程太过复杂，可以直接查阅万年历。本书为了完整论述干支纪年的推算方法，下面给出了如何根据公历年份的数字推算该年份干支的规则。

1. 推算时，天干的编码为：甲（4）、乙（5）、丙（6）、丁（7）、戊（8）、己（9）、庚（0）、辛（1）、壬（2）、癸（3）。

若公元某年份的个位数是“7”，则该年份的天干是“丁”；

若公元某年份的个位数是“0”，则该年份的天干是“庚”；若公元某年份的个位数是“2”，则该年份的天干是“壬”，依此类推。例如，1947年的个位数为“7”，所以1947年的天干是“丁”。

2. 有了该年份的天干，还需要推算该年份的地支。地支的编码为：子（4）、丑（5）、寅（6）、卯（7）、辰（8）、巳（9）、午（10）、未（11）、申（0）、酉（1）、戌（2）、亥（3）。

然后，把公元某年份的数字除以12，根据余数推算该年份的地支。若余数为“3”，则该年份的地支是“亥”；若余数为“6”，则该年份的地支是“寅”；若余数为“9”，则该年份的地支是“巳”，依此类推。当然，采用民间常用的生肖属相也很容易确定该年份的地支。那就是：子鼠、丑牛、寅虎、卯兔、辰龙、巳蛇、午马、未羊、申猴、酉鸡、戌狗、亥猪。

以1947年为例，个位数是“7”，该年份的天干是“丁”，1947除以12的余数为3，该年份的地支为“亥”。所以1947年的年干支是“丁亥”。又以2008年为例，个位数是“8”，该年份的天干是“戊”，2008除以12的余数为4，该年份的地支是“子”，所以2008年的年干支是“戊子”。再以2030年为例，个位数是“0”，该年份的天干是“庚”，2030除以12，余数为2，该年份的地支是“戌”，所以2030年的年干支是“庚戌”。

当然，最简捷的办法是直接查阅万年历（万年历很容易在书店找到）。用万年历查出该年份的干支，然后查出月份的干支。为方便想深入研究的读者，本书也给出了从年份天干推算月份干支的列表。

首先应了解，每个月份的地支是固定的：正月为寅、二月为卯、三月为辰、四月为巳、五月为午、六月为未、七月为申、八月为酉、九月为戌、十月为亥、十一月为子、十二月为丑。然后根据下表推算每个月份的天干。

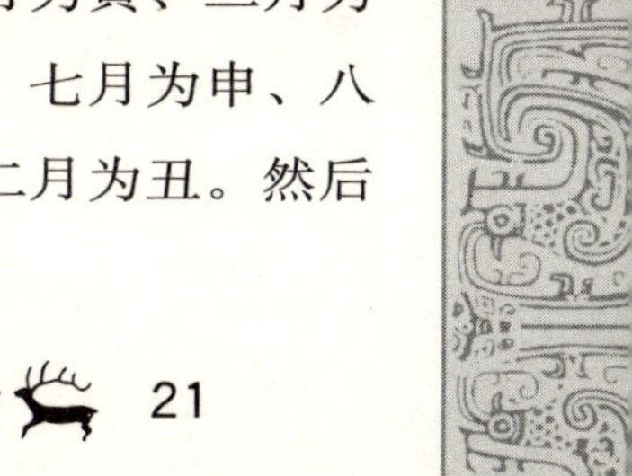

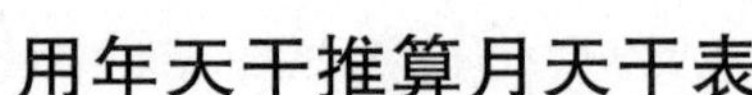

用年天干推算月天干表

月天干 月份（地支） 年天干	正月 寅	二月 卯	三月 辰	四月 巳	五月 午	六月 未	七月 申	八月 酉	九月 戌	十月 亥	十一月 子	十二月 丑
甲己	丙	丁	戊	己	庚	辛	壬	癸	甲	乙	丙	丁
乙庚	戊	己	庚	辛	壬	癸	甲	乙	丙	丁	戊	己
丙辛	庚	辛	壬	癸	甲	乙	丙	丁	戊	己	庚	辛
丁壬	壬	癸	甲	乙	丙	丁	戊	己	庚	辛	壬	癸
戊癸	甲	乙	丙	丁	戊	己	庚	辛	壬	癸	甲	乙

日干支的推算更为复杂，本书不作论述，以直接查阅万年历为最快捷。

有了日干支，就可以用日天干推算时辰的天干。每个时辰的地支与月份的地支一样是固定的。将一天二十四个小时划分为子、丑、寅、卯、辰、巳、午、未、申、酉、戌、亥十二个时辰。列表如下：

时间	23:00—1:00	1:00—3:00	3:00—5:00	5:00—7:00	7:00—9:00	9:00—11:00	11:00—13:00	13:00—15:00	15:00—17:00	17:00—19:00	19:00—21:00	21:00—23:00
时地支	子	丑	寅	卯	辰	巳	午	未	申	酉	戌	亥

用日天干推算时天干表

时天干 时（地支） 日天干	子时	丑时	寅时	卯时	辰时	巳时	午时	未时	申时	酉时	戌时	亥时
甲己	甲	乙	丙	丁	戊	己	庚	辛	壬	癸	甲	乙
乙庚	丙	丁	戊	己	庚	辛	壬	癸	甲	乙	丙	丁
丙辛	戊	己	庚	辛	壬	癸	甲	乙	丙	丁	戊	己

续表

时天干 时（地支） / 日天干	子时	丑时	寅时	卯时	辰时	巳时	午时	未时	申时	酉时	戌时	亥时
丁壬	庚	辛	壬	癸	甲	乙	丙	丁	戊	己	庚	辛
戊癸	壬	癸	甲	乙	丙	丁	戊	己	庚	辛	壬	癸

至此，排八字的规则已经作了完整介绍。八字这个概念在中国传统文化中占有很重要的地位。八字出现后，衍生出命理学中许多根据八字推命的术数流派。诸如子平术、紫微斗数、铁板神数等。它们被用来推断一个人的命和运，但这不是本书讨论的范畴。笔者的目的是想把八字的内涵应用于姓名学领域。由于八字的重复率为1/518400，因此，把八字作为依据之一起名，重名的概率也将大大降低。当然，是否重名还与选择的汉字本身有关。

第六章　五行概念

中国传统文化中一个极其重要的概念是五行，即金、木、水、火、土。如何将宇宙万物合理地加以分类是一个大课题。我们的祖先于是将万物分成金、木、水、火、土五大类，并且形成了一套完整的理论体系。这套体系包括五行与阴阳的对应关系，五行与天干地支的对应关系，五行与四季的对应关系，五行与方位的对应关系，五行与五脏的对应关系，五行与六腑的对应关系，五行与情绪的对应关系，五行与气候的对应关系，五行与物种的对应关系，五行与五色的对应关系，五行与五音的对应关系，五行与五味的对应关系，五行之间相生相克的关系，等等。

下面是五行之间相生相克的关系图。图中外围的实线箭头表示五行之间的相克关系，位于实线箭头起点的五行克制位于箭头终点的五行，如水克火。内部的虚线箭头表示五行之间的相生关系，位于虚线箭头起点的五行相生出位于箭头终点的五行，如水生木。

五行之间的生克关系是：木生火，火生土，土生金，金生水，水生木；木克土，火克金，土克水，金克木，水克火。相生表示前者对后者有资助作用，相克表示前者对后者有克制作用。相生相克，是不可分割的两个方面。没有生就没有事物的发生和成长；没有克，就不能保持事物发展变化的平衡与协调。

五行相生相克关系图

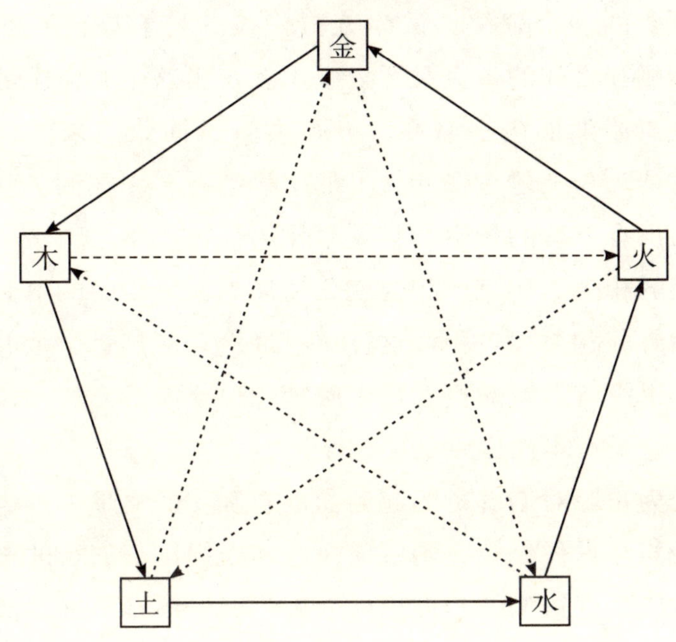

命理学的发展，又形成了五行与命和运之间的对应关系，但这里我们不涉及推命的领域。本书讨论的则是另外一个分支，即五行与姓名的关系，仅涉及姓名学需要用到的五行与五音的关系。

所谓五音，是指古代音律学中的宫、商、角（这里读作 jué）、徵（这里读作 zhǐ）、羽五音，相传是春秋时代的管子（管仲）在《管子·地员篇》中最早提出，后来在《吕氏春秋·音律》中加以完善。由于确定一个汉字的五行属性需要用到五音，因此，有必要向读者介绍五音与五行的关系：宫属喉音，五行为土，为五音之首，其音极长、极下、极浊；徵属舌音，五行为火，其声次高、次短、次清；商属齿音，五行为金，其声次长、次下、次浊；羽属唇音，五行为水，其声极短、极高、极清；角属牙音，五行为木，其声在长短高下清浊之间。

一般来说，民间有人认为五行是中国传统文化尤其是玄学领域较为重要的一个载体。认为五行代表的是事物核心的根本属性。五行相互之间的生克关系，基本决定了这个宇宙中的一切事物都存在着必然的内在联系。五行本身是抽象出来的概念，但是，它被认为与上述有形和无形的事物都有着内在的关联。

如果没有五行的相生相克关系作为载体，十个天干和十二个地支之间的相生、相克、相合就无从谈起。易学中的解卦，也许只能利用卦辞和爻辞进行，这样《易经》只能是哲学范畴的一门学问。如果没有五行的概念，中医理论也会面目全非，说不定会成为与西医没有本质区别的一门学问。

迄今为止，对于五行的起源尚没有确切的文献加以佐证，依然众说纷纭，见仁见智。到底何时、何人提出了五行的概念，又是何时形成了五行的一套理论体系等问题始终是个谜。最著名的典籍是《五行大义》，它是隋代著名学者萧吉的一部专论五行的著作。该书是迄今为止中国历史上关于五行学说最为权威的典籍。书中对我国传统的五行思想作了全面的讲解，分门别类，深入浅出，文字流畅，析义明白。该书内容涵盖极广，包括了五行与河洛，五行与纳甲、纳音，五行与干支等各方面的知识。英国专门研究中国科学史的著名学者李约瑟博士也曾给予该书很高的评价。可惜《五行大义》也没有对五行的起源提供权威的令人信服的论断。有人根据殷商时代的五方的概念，认为五行最迟在殷商已经出现。笔者希望我国的夏、商、周断代工程研究的持续深入进行能对揭示五行起源问题有所帮助。

古代阴阳五行学者认为，天地之间、宇宙万物皆有五行属性，将天干地支配以五行。人一生的命运就从五行的“冲、刑、生、克、合”推断出来。八字推命主要是分析一个人的五行“金、水、木、火、土”在命盘中的平衡状态。当五行不平衡时，

五行之间的冲克力量较大，因而影响一个人的身体、生活、事业，导致一些不顺利之事发生。反之，五行较平衡时，诸事也会较顺利。

五行与五脏的对应关系是：木对应肝，火对应心，土对应脾，金对应肺，水对应肾。哪种五行多就表示对应的脏器强。

五行与四季的对应关系是：木对应春季，火对应夏季，土对应长夏，金对应秋季，水对应冬季。在各个对应的季节里，对应的脏器的功能活跃，负担也较重。

在性格形貌方面，五行各有对应：

木主“仁”，主其人性格直爽、性情温和，有博爱恻隐之心，为人清高慷慨，质朴无伪。木盛之人重情义、仁厚，丰姿秀丽，骨骼修长，手足细腻，面色青白；木衰之人则个子瘦长，头发稀少，性格褊狭，有嫉妒心；木气死绝之人则眉眼不正，项长喉结，肌肉干瘦，为人吝啬。

火主“礼”，主其人性格急躁，但不奸诈。火盛之人头小脚长，上尖下阔，浓眉小耳，精神矍烁，为人纯朴急躁。但是，火多无制者，急躁而欠涵养。火衰之人则黄瘦如柴，语言荒诞，诡诈妒毒，做事有始无终。

土主“信”，主其人性格稳重，为人忠厚。土盛之人腰圆鼻廓，为人忠孝至诚，度量宽厚，好静，言必信，行必果；土气太过之人则头脑僵化，愚拙迂腐，内向好静；土气不足之人面扁鼻低，为人狠毒乖戾，不讲信用，不通情理。

金主“义”，主其人性格刚烈。金盛之人精干敏锐，骨肉匀称，面方白净，眉高眼深，体健神清。为人刚毅果断，仗义疏财，知廉耻，恶寡薄。金太过之人易有勇无谋，贪欲不仁。金不足之人身材瘦小，为人刻薄，喜淫好杀，吝啬贪婪。

水主“智”，主其人性格聪慧善良。水旺之人面黑有采，言

语清晰，为人深思熟虑，足智多谋，学识过人。水太过之人好说是非，飘荡贪淫。但水多无制者，聪颖而意志不坚，亦且好动。水不足之人身材短小，性情无常，胆小反复。

上述的对应关系是命理学中的观点。五行与命理之间的对应关系在民间被某些人认为都是先天形成的（也就是所谓的“命”）。有些性格特点通过后天的历练、自我控制和调整是可以改变的（也就是所谓的“运”）。

由于五行与方位有对应关系，因此，命理学将之延伸到推断一个人适宜从事的行业与方位。

宜木者，喜东方。适宜从事木材、木器、家具、装潢、纸业、种植、花卉、苗圃、香料、素食等行业。

宜火者，喜南方。适宜从事光学、高热、易燃品、油料、酒类、热饮食、理发美容、化妆品、装饰品、文学艺术、文具、教师、秘书、出版、公务员、政界等行业。

宜土者，喜中央之地或出生地。适宜从事土产品、房地产、农业、畜牧、建筑业、建材业、纺织、服装、雨具、筑堤、容水器具、当铺、古董、中间人、律师、管理、设计、顾问、殡葬、僧尼等行业。

宜水者，喜北方。适宜从事航海、低温冷藏、捕捞、水产品、海上作业、水利、打捞、洗洁、扫除、港口、泳池、浴池、池塘、冷饮、音响、特技表演、运动、旅游业、玩具、魔术、记者、侦探、灭火器具、钓鱼器具、医疗、药物等行业。

宜金者，喜西方。适宜从事纤维材料、金属工具材料、武术、鉴定、总管、汽车、交通、金融、工程、种子、采矿、民意代表、伐木等行业。

十个天干和十二个地支分别具有相应的五行属性。如下图表所示：

天干五行属性表

天干	甲	乙	丙	丁	戊	己	庚	辛	壬	癸
五行	阳木	阴木	阳火	阴火	阳土	阴土	阳金	阴金	阳水	阴水

地支五行属性表

地支	子	丑	寅	卯	辰	巳	午	未	申	酉	戌	亥
五行	阳水	阴土	阳木	阴木	阳土	阴火	阳火	阴土	阳金	阴金	阳土	阴水

姓名学也需要从一个人的八字查看其五行是否齐全。五行含量的多少反映了人的五脏强弱和性格形貌特点。查看八字的五行属性是先查出天干和地支本身具有的五行属性，再算出地支中隐藏的五行属性（地支中隐藏的五行属性和天干相联系，称为支藏人元天干）。

一个人出生的年、月、日、时辰决定了他的八字是什么，因此八字反映的五行属性乃是一个人先天形成的。姓名学的目的就是通过选择适当的字来增补一个人的先天五行之不足，或消减先天五行之过盛，也就是前面论述的“按照缺什么五行补什么五行，少什么五行加什么五行”的原则选字。如果八字反映出其人某个五行缺少，则在起名时选用相应五行属性的字来增补缺少的五行；如果八字反映出其人某个五行过多过盛，则在起名时选用五行相克的字对这个五行加以削减调整。

本书探讨的主要问题是如何选择用于调整（增补、削减）八字中五行属性的字，从而能起一个五行平衡的好名字，所以讨论了八字和五行属性的一些基本概念。至于用八字推命不是本书涉猎的范围。

这里要提醒读者的是，起一个好名字是所有人都希望的，但

是有了一个好名字绝不可能确保此人一生顺利、无坎坷，甚至大富大贵。因为起一个好的名字，仅仅根据此人先天形成的八字的五行属性来确定，而此人后天的成长环境、工作学习的历练、个人的行为操守对其成长发展也极其重要。这也就是命理学中一句名言“命好不如运好，运好不如流年好”告诉人们的道理。

第七章　如何确定一个汉字的五行属性

现在最普遍，也最容易被人理解的确定一个字五行属性的方法是根据某个字的偏旁部首。例如，木字旁（或在一个字中带有木）的字的属性为木，三点水旁（或在一个字中带有水）的字的属性为水，金字旁（或在一个字中带有金）的字的属性为金，土字旁（或在一个字中带有土）的字的属性为土，火字旁（或在一个字中带有火）的字的属性为火。

这种概念进入了对汉字五行属性理解的误区。如果只是依靠偏旁部首确定一个汉字的五行属性，那么，大部分汉字不带上述五行的偏旁部首，它们的五行属性如何确定？例如，“周”乃一个大姓，它不带上述五个偏旁部首（请注意，“周”字中间不是“土”，而是“士”），它的五行属性是什么？又如，“方”字，它的五行属性又是什么？等等。

但是，上述确定一个字五行属性的方法在社会上相当流行。笔者有个友人的名字叫“木鑫”，据这位友人说，是他的母亲特意花钱请一位算命先生算过，他的八字中缺金、木，故而起了这个名字。更典型的是笔者一位同窗的名字叫“林木森”，他的姓名中包含了六个“木”字。

现在，街边可以见到许多起名店的招牌，那些纯粹用五格起名的店铺，恐怕自己也不明白为什么加起来的某个数代表吉利，另一个数却代表不吉利，更不可能从店名用字的五行平衡的角度

去思考问题。笔者曾经问过用五格起名的人（有些是专业的，以此为谋生职业），可惜都得不到答案。还有一些起名店水平要相对高一些，先排八字再起名，遇到八字五行属性缺木的，选木字旁的字作为名字，遇到八字五行属性缺水的，选一个三点水旁的字作为名字。如上所述，可以看出这种方法失之偏颇。

仅仅从一个字的偏旁部首确定其五行属性的做法会把大量不带五行偏旁部首的字排除在外，因为不带五行偏旁部首的汉字在全部汉字中占大多数，这样就大大局限了起名选字的范围，没有充分发挥丰富多彩的汉字的优势，这也正是导致现在社会上重名这么多的原因之一。如果不仅仅从字的偏旁部首来确定其五行属性，而从以下规则来选择，则可大大扩大选字范围，起个不错的名字。

如何确定一个汉字的五行属性的课题历来有人研究，归纳起来，有两个规则：

1. 每个字以《康熙字典》中的繁体字为准。

为什么一定要用繁体字？原因是起名这个课题或者说“姓名学”出现在使用繁体字的年代。天干地支、五行等概念也产生于使用繁体字的古代，这是一种历史依据和文化传承。还有一个很重要的原因是，简化字与繁体字不是一一对应关系。例如，简化字“历”，它对应的繁体字有两个：“曆”和“歷”。前者是日曆的曆，后者是歷史的歷。又如，简化字“干”也对应了两个繁体字：“乾”和“幹”。而“乾”字既用作“乾坤”的“乾”，又用作“乾燥”的“乾”，两者的读音也全然不同。“幹”却是另一种含义，比如，幹部、幹劲。

《康熙字典》囊括了绝大部分的汉字，已经远远超出了许慎的《说文解字》所列举的汉字。可惜《康熙字典》中没有标注出每个字的五行属性，否则，起名就简单许多，查《康熙字典》即

可。当然，现代自然科学的发展，又产生了更多新的汉字，例如，化学元素周期表上的很多元素名称以及许多新的化学名词，这些由近代科学派生出来的字无法在《康熙字典》中检索到。好在根据下一个规则同样能解决确定这些新的汉字的五行属性。而且，很少有人会采用这些新派生出来的字作为起名要选的字。

2. 按照汉字的字意、字形、字音的顺序判断汉字的五行属性。

根据字的笔画数尾数（0～9 十个数）的数理确定五行属性的方法。这也就是前面提到的“五格剖象法”（又称“熊崎氏八十一数姓名学”）中提到的方法。笔者认为，发明此种方法的日本人对于到底采用八卦的先天数还是采用八卦的后天数没有阐明易学的理论依据，又给人一个知其然不知其所以然的感觉，而且这种方法在姓名学中不是主流，很少有人使用，至少在《易经》的发源地中国不可能站得住脚，所以本书不作介绍。下面着重论述从汉字的字意、字形、字音的顺序判断其五行属性的方法。

（1）先根据字意判断。

所谓根据字意判断的方法，就是根据某个字的意蕴来确定该字的五行属性。

例如：“花”、“芳”、“木”、“树”等字，它们属于草木类，因此，它们的五行属性为“木”。又如“家”字，远古时代的人类以族群为单位群居于洞穴，在山洞中生活。在走出洞穴后，以家庭为单位居住，居住于草棚一类的环境中，“家”的概念开始形成。所以，“家”字与草棚联系在一起，草棚由树木和茅草搭成，五行属性当然是“木”。

“光”、“日”、“耀”、“炎”等字的五行属性，不言而喻是“火”。又如“灯”字，古代没有电灯，当时的灯都需要用火种点燃，所以，它的五行属性为“火”。

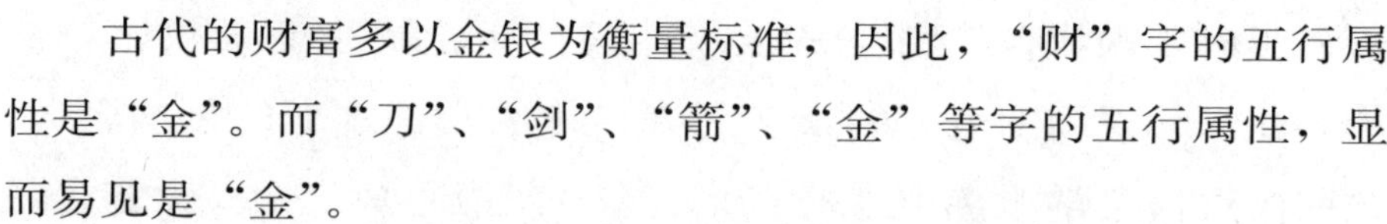

古代的财富多以金银为衡量标准，因此，“财”字的五行属性是“金”。而“刀”、“剑”、“箭”、“金”等字的五行属性，显而易见是“金”。

诸如“土”、“地”、“山”、“壤”等字的五行属性无疑是“土”。

诸如“雨”、“霏”、“冰”、“泉”等字的五行属性无疑是“水”。

从字意判断一个字的五行属性尤为重要，如果单纯从字形判断，往往会不准确。例如“泥”字，是土加上水的混合物，若只从字形，似乎它的五行属性应该是“土”。其实不然，土中水的含量必须达到一定程度才称之为“泥”，水不够，只能是湿土，不能称之为“泥”。所以它的五行属性应该是“水”。又如“陈”字，如果单纯从字形分析，它含有“东”字，东方属木。但是，“陈”的五行属性却不是木。“陈”的字意乃“陈旧”的“旧”，与“新”的字意相反，而“新”的五行属性为“金”，所以，“陈”的五行属性为“火”。又如“丑”字，它既是一个单独的字，属于地支中第二位，这时它的五行属性是“土”（这是依据其“丑土”的字意而得）。但是，它又作为“醜”的简化字，这时它的五行属性却是“火”。诸如此类不一而足。有兴趣的读者可以自行研究。为方便大部分读者使用，本书列出了 7100 余个常用字笔画五行表。

（2）再根据字形判断。

前面讨论了根据字意判断五行属性，这并不意味着不采用字形判断五行属性，只是字意相对字形而言显得更重要。因为字意考虑的是一个字的内涵，而字形考虑的是一个字的外形。当然，有许多汉字还是可以从字形判断其五行属性的，采用的方法是根据该字的偏旁部首来判断。

汉字的偏旁部首有很多，按照分类的不同，粗分类大约有100个，《康熙字典》中的偏旁部首有214个，现在使用得比较频繁的偏旁部首也有100多个。

在现代，人们往往对汉字中许多词汇的理解有些混淆。笔者希望专门从事文字研究的学者们能开展这方面的研究和澄清，这样才能让人们了解汉文化的博大精深。

例如："命运"这个词，它包含了两个含义"命"和"运"。"命"是先天形成的，是静态的；"运"是反映后天的状态的，是动态的。

又如"疾病"这个词也包含两个含义，不能将二者混淆。《说文解字》云："疾，病也；病，疾加也。"可见，"疾"是身体早期不适的状态，而"病"是"疾"加重后的状态。可惜现在这个概念已经被混淆了。《辞海》对"疾病"的解释为："疾，病也；病，失去健康的状态，也指病加重。"因此，将"疾"与"病"并称而忽视它们之间的差别，是错误的。

同样，人们习惯上将偏旁部首看成一体，实际上偏旁和部首是两个概念，二者是不完全等同的。所谓偏旁是汉字形体中的某些组成部分，如"位、住"中的"亻"，"国、固"中的"囗"等都是偏旁。部首是编纂字典、词典时由于释义的需要根据字形偏旁而加以区分的门类，如山、口、火、石等。从严格意义上说，部首只是偏旁的一个子集，广义的偏旁包含了部首。为方便读者查阅，下表中列出了196个常见的偏旁部首的笔画数和读法。

常见偏旁部首名称、笔画数一览表

偏旁部首	名称或读音	笔画数	偏旁部首	名称或读音	笔画数
丶	古语同"主"，zhǔ	1	乛	读作 wān	1

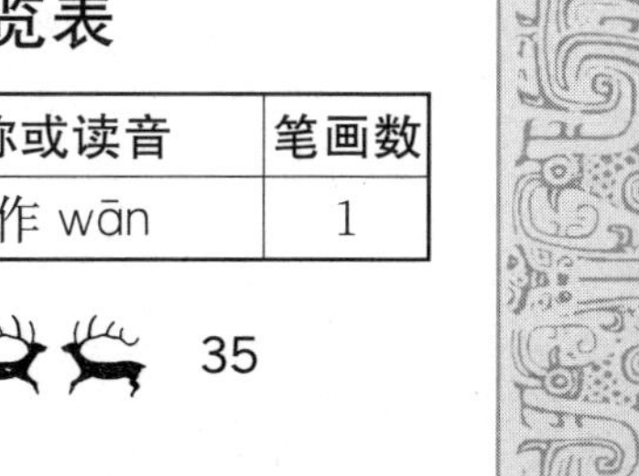

续表

偏旁部首	名称或读音	笔画数	偏旁部首	名称或读音	笔画数
乚	古语同“毫”，读作 háo	1	冖	古语同“幂”，读作 mì	2
冫	两点水，读作 bīng	2	勹	古语同“包”，读作 bāo	2
八	八字旁	2	卜	卜字旁	2
厂	古语同“庵”，读作 ān	2	儿	儿字旁	2
匚	三框旁，fāng	2	力	力字旁	2
冂	读作 jiǒng	2	凵	古语同“坎”，读作 kǎn	2
匕	匕字旁	2	刂/刀	立刀旁/刀字旁	2
廴	古语同“引”，读作 yǐn	2	亻	单人旁	2
厶	古语同“私”，读作 sī	2	亠	读作 tóu	2
人	人字头	2	入	入字头	2
十	十字旁	2	屮	读作 chè	3
彳	双人旁，读作 chì	3	巛	古语同“川”，读作 chuān	3
彡	三撇旁，读作 shān	3	寸	寸字旁	3
宀	宝盖头，读作 mián	3	广	广字旁	3
口	口字旁	3	囗	口字框，读作 wéi	3
山	山字旁	3	弓	弓字旁	3
女	女字旁	3	夕	夕字旁	3
土	土字旁	3	士	士字旁	3
尸	尸字头	3	子	子字旁	3
艹	草字头*	3	䒑	草字头*	4
氵	三点水，读作 shuǐ	4	扌	提手旁，读作 shǒu	4
忄	竖心旁，读作 xīn	4	木	木字旁	4
止	止字旁	4	父	父字头	4
日	日字旁	4	曰	冒字头	4

续表

偏旁部首	名称或读音	笔画数	偏旁部首	名称或读音	笔画数
犭	反犬旁，读作 quǎn	4	攵	反文旁，读作 pū	4
火	火字旁	4	灬	火字底，读作 huǒ	4
爫	爪字头，读作 zhǎo	4	气	气字头	4
户	户字头	4	牜	牛字旁，读作 niǔ	4
爿	爿字旁，读作 pán	4	片	片字旁	4
殳	殳字旁，读作 shū	4	支	支字旁	4
戈	戈字旁	4	瓦	瓦字旁	4
毛	毛字旁	4	牙	牙字旁	4
方	方字旁	4	歹	歹字旁	4
欠	欠字旁	4	旡	旡字旁，读作 jì	4
水	水字旁	4	斤	斤字旁	4
白	白字旁	5	立	立字旁	5
歺	读作 dài	5	甘	甘字旁	5
玉	斜玉旁	5	本	本字旁	5
瓜	瓜字旁	5	禾	禾木旁	5
癶	癶字旁，读作 bō	5	矛	矛字旁	5
皿	皿字旁	5	罒	罒字头，读作 wǎng	5
母	母字旁	5	目	目字旁	5
疒	疒字旁，读作 nè	5	皮	皮字旁	5
生	生字旁	5	石	石字旁	5
矢	矢字旁	5	示	示字旁	5
田	田字旁	5	玄	玄字旁	5
穴	穴字头	5	疋	疋字头，读作 yǎ	5
业	业字头	5	衤	示字旁	5
用	用字旁	5	玉	玉字旁	5
耒	耒字旁	6	艸	艸字头*，读作 cǎo	6
臣	臣字旁	6	虫	虫字旁	6
而	而字旁	6	耳	耳字旁	6
缶	否字旁	6	艮	艮字旁	6

续表

偏旁部首	名称或读音	笔画数	偏旁部首	名称或读音	笔画数
虍	虍字旁，读作 hǔ	6	臼	臼字旁	6
米	米字旁	6	色	色字旁	6
肉	肉字旁	6	月	月字旁	6
衤	衣字旁	6	舌	舌字旁	6
覀	覀字头，读作 yá	6	血	血字旁	6
羊	羊字旁	6	聿	聿字旁，读作 yù	6
至	至字旁	6	舟	舟字旁	6
竹	竹字头	6	自	自字旁	6
羽	羽字旁	6	糸	糸字旁，读作 mì	6
纟/糹	绞丝旁	6	讠/言	言字旁	7
贝/貝	贝字旁	7	辶	古语同“辵”，读作 chuò	7
卩	单耳旁，读作 jiè	7	采	采字旁**	7
镸	镸字旁，读作 cháng 或 zhǎng	7	车	车字旁	7
辰	辰字旁	7	赤	赤字旁	7
辵	见“辶”	7	豆	豆字旁	7
谷	谷字旁	7	见/見	见字旁	7
角	角字旁	7	克	克字旁	7
里	里字旁	7	足	足字旁	7
身	身字旁	7	豕	豕字旁，读作 shǐ	7
辛	辛字旁	7	邑	邑字旁	7
酉	酉字旁	7	豸	豸字旁	7
走	走字旁	7	隹	隹字旁，读作 zhuī	8
青	青字旁	8	雨	雨字头	8
非	非字旁	8	阜	阜字旁	8
阝	双耳旁，读作 fù	8	金/钅	金字旁	8
隶	隶字旁	8	門/门	门字框	8
飠/饣	食字旁	8	音	音字旁	9

续表

偏旁部首	名称或读音	笔画数	偏旁部首	名称或读音	笔画数
风/風	风字旁	9	革	革字旁	9
骨	骨字旁	9	鬼	鬼字旁***	9
韭	韭字旁	9	面	面字旁	9
首	首字旁	9	韋/韦	韦字旁	9
香	香字旁	9	页/頁	页字旁	9
馬/马	马字旁	10	髟	髟字旁	10
鬯	鬯字旁	10	鬥	鬥字旁	10
高	高字旁	10	鬲	鬲字旁	10
鹵/卤	卤字旁	11	鹿	鹿字旁	11
麻	麻字旁	11	麥/麦	麦字旁	11
鳥/鸟	鸟字旁	11	魚/鱼	鱼字旁	11
黑	黑字旁	12	黽	黽字旁，读作 mǐn	12
黍	黍字旁	12	黹	黹字旁，读作 zhǐ	12
鼎	鼎字旁	13	鼓	鼓字旁	13
鼠	鼠字旁	13	鼻	鼻字旁	14
齊/齐	齐字旁	14	齒/齿	齿字旁	15
龍/龙	龙字旁	16	龠	龠字旁	16

* 草字头的笔画计算特别复杂，有以下四种情形：

①有些字按照三画计算。例如：“敬”；

②有些字按照四画计算。例如：“黄”；

③有些字按照六画计算。例如：“花”；

④有些字按照八画计算。例如：“荣（榮）”。

* * 按照常规理解，“采”字是爪字头“爫”加下面一个“木”，似乎是八画，其实不然，它的写法只能算七画。类似的字同样计算。

* * * “鬼”、“卑”等字田字中间的一竖延伸下来成为一

撇，所以“鬼”字为九画，“卑”字为八画。依此类推。

上述196个偏旁部首可以用于根据字形来确定一个字的五行属性。而且，给每个偏旁部首列出其名称和姓名学所需使用的笔画数，对读者应该有所帮助。但是，这196个偏旁部首中，明显带有金、木、水、火、土痕迹的不多，因此能直接从其字形上确定五行属性的字为数不多。参见下表。

从字形上确定五行属性的字的偏旁部首

五行属性	直接可判断的偏旁部首
金	刂、刀、金、钅、戈、殳、匕、矢、矛
木	木、禾、弓、本、艹、⺿、牜、竹、艸
水	冫、氵、水、子、玄、魚、鱼、雨
火	火、日、灬、心、忄
土	土、玉、石、瓦、田

这说明，仅仅依靠字形中的偏旁部首来确定一个字的五行属性是不够的，何况字意反映了一个字的内涵，而字形描述的是一个字的外形。因此，首选要考虑的是字意，然后才是字形。

（3）对于根据字意、字形无法判断的字，则根据字音判断。

所谓根据字音判断一个字的五行属性，是指根据古代的音律来判断一个字的五行属性。现在还经常可以听到“五音不全”的说法。但是什么是“五音”，尤其“五音”与“五行”有什么关系等问题则很少有人论述。

古代的音律分为五音和十二律。五音为宫、商、角、徵、羽。五音用于判断一个字的五行属性。五音再分成阴和阳两组，一变而为十，即太宫、少宫、太商、少商、太角、少角、太徵、少徵、太羽、少羽。十二律乃是黄钟、太簇、姑洗、蕤宾、夷

则、无射、林种、南吕、应种、大吕、夹钟、仲吕，其中的黄钟、太簇、姑洗、蕤宾、夷则、无射为阳，称六律，又称阳律；而林种、南吕、应种、大吕、夹钟、仲吕为阴，称六吕，又称阴律。两者合称为十二律。十二律不用来判断一个字的五行属性，故本书不作讨论。

音律的产生源自远古黄帝时代，黄帝命其乐师伶伦作乐律。之后，古人将本无善恶的抽象的五音与万物加以联系，赋予五音象征意义：

宫音对应土德，主万物的脾，象征国家领导者；

商音对应金德，主万物的肺，象征国家官员；

角音对应木德，主万物的肝，象征平民；

徵音对应火德，主万物的心，象征国家大的运动；

羽音对应水德，主万物的肾，象征物资。

在典籍《乐纬》中有这样一段话："孔子曰：丘吹律定姓一言得土曰宫，三言得火曰徵，五言得水曰羽，七言得金曰商，九言得木曰角，此并是阳数。"这进一步明确了宫为土、徵为火、羽为水、商为金、角为木的对应关系。

五音的进一步发展，与发音的方法建立了联系。古人将发音方法分为喉音、舌音、齿音、唇音、牙音五类。它们与五音之间的对应关系是：

宫属喉音，五行为土，为五音之首，其声极长、极下、极浊；

商属齿音，五行为金，其声次长、次下、次浊；

角属牙音，五行为木，其声于长短高下清浊之间；

徵属舌音，五行为火，其声次高、次短、次清；

羽属唇音，五行为水，其声极短、极高、极清。

根据上述规则，有兴趣的读者可以根据"五音"研究每个汉

字的五行属性。要明确的是确定汉字五行属性的多种规则有先后次序的，以根据字意定五行为先，根据字形定五行次之，最后才是根据五音定五行。如果只用一种规则就想确定全部汉字的五行属性，会导致不正确的结果。

本书为了方便读者使用，将 7100 多个常用汉字的五行属性列表，供读者检索。需要说明的是，表中的汉字五行属性的确定就是按照上述规则的顺序首选依据的是字意，其次是字形，凡字意和字形都不能确定的汉字，则用五音确定其五行属性。

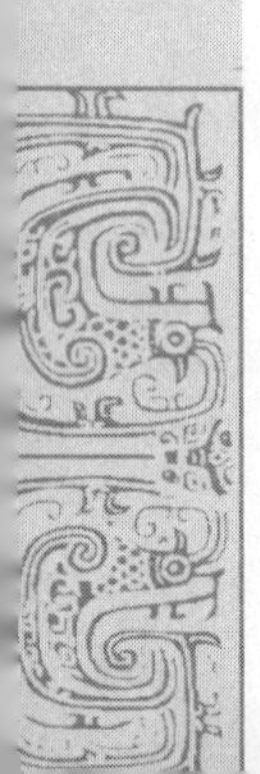

第八章　如何确定一个汉字的笔画数

第四章介绍了给一个人起名字的四个步骤，先根据他出生的年、月、日、时排出他的八字。在排出八字后，针对这个八字中五行的状况选择一些汉字对五行加以增补、削减。有了选出的汉字再加上他的姓氏，就可以组合出多个名字。为了使组合成的姓名更加吉利或者更加符合起名的期望和价值取向，还需要对每一个组合的姓名占卦，通过对每一个卦象的吉凶判断加以比较和选择，最终确定采用哪一个名字。由于《易经》中用姓名占卦是根据每个字的笔画数进行的，因此需要知道如何计算姓名中每个字的笔画数，然后才能用笔画数占卦。

特别要说明的是，如果一个人改为他姓，则需用新的姓与名字一起占卦。如果一个人要起笔名，笔名往往不带姓氏，就只需对笔名占卦。这个方法也可以应用到给企业或单位起名时，对所选名字起卦来判断吉凶。

计算一个汉字的笔画数须遵循以下规则：

1．按照繁体字计算；

2．明确每个字的偏旁部首的笔画；

3．最后计算一个汉字完整的笔画数。

很多人对繁体字已经陌生，读者可以从《新华字典》等工具书中检索查阅。但是由于我国现行的简化字与繁体字不完全一一对应。例如在前面举的两个例子：简化字“历”，它对应了两个

繁体字“歷”和“曆”，这两个字含义截然不同。简化字“干”，它作“干燥”的“干”时，对应的繁体字是“乾”，而“乾”又读作 qián（乾坤的“乾”）；它作“干部”的“干”时，繁体字对应的是“幹”。“乾”和“幹”，这两个繁体字的笔画数也不同。因此，在具体使用时要区分清楚繁体字和简体字之间的对应关系。

每个汉字的基本组成是偏旁部首加上字根。在本书第七章详细列出了每个偏旁部首的名称和笔画数供读者查阅。查阅时，尤其要注意那些与书写习惯完全不同的偏旁部首的笔画数，个别较特殊的偏旁部首，还需要参照该字的字根才能确定，例如“草字头”，有“艹”、“䒑”、“艸”多个字头。“䒑”为四画，对应的汉字有“黄”、“广”、“潢”等。“艸”为六画，对应的汉字有“花”、“芳”、“芝”等。“艹”，这个“草字头”尤为特殊，有四种计算方法：其一算作三画，对应的汉字有“敬”、“擎”、“檠”等；其二算作四画，对应的汉字有“黄”、“广（廣）”等；其三算作六画，对应的汉字有“花”、“芳”等；其四算作八画，对应的汉字有“荣（榮）”、“萦（縈）”、“萤（螢）”等。对于这类偏旁部首需要使用者对汉字相当了解，否则很容易出错。现在有一些关于起名的书籍对这类偏旁部首往往没有向读者作详细介绍，客观上误导了读者。

第九章　用姓名占卦的规则

起名需要占卦，而卦就是《易经》的基本元素，所以必须对《易经》有所了解。易经类的典籍和现代出版的书刊已经林林总总、汗牛充栋。本书不是专门讨论《易经》的，因此，只向读者介绍关于《易经》的一些基本概念以及与姓名学有关的部分内容。

《易经》是中国传统文化中极其重要的一个领域，人称“万经之首”。关于《易经》的起源众说纷纭，至今尚无定论。一种说法是“三皇五帝”之首的伏羲氏在河图洛书的基础上推演而得。在河南巩义市还有“八卦台”的遗迹，那里就是古代黄河与洛川的交汇之处。据说伏羲就是在那里推演出八卦的卦象。另一种说法是伏羲在其出生地甘肃省天水市三阳川的卦台山上观渭水得到灵感而画出八卦的卦象。但是目前史学界对伏羲的出生地到底在何处还有争议。这个问题不是本书涉及的范围。

在《易经》的发展史上有“连山”、“归藏”、“周易”三个阶段，分别对应于夏朝、商朝、周朝三个朝代。我们现在所了解的《周易》乃是周文王被商纣王囚禁于羑里期间推演伏羲的八卦而得，然后由孔丘等人加以注释（即所谓《十翼》）构成了完整的体系。很可惜“连山”、“归藏”已经失传，也许夏、商、周断代工程的研究在将来能揭开“连山”、“归藏”之谜。笔者十余年前曾遇见一位号称台湾来的“大师”。他起的卦很特别，不是六十四卦，而是八十一卦。笔者向他请教，他说是“连山”。而且据

他说，他也懂“归藏”。笔者诚恳提出想拜他为师学习“连山”或者“归藏”，可惜被拒绝了，理由是“缘分”不到。有意思的是，笔者与他讨论“连山”、“归藏”、“周易”三者为何出现更迭的问题时，他的解释极其牵强，实在站不住脚，最后无言以对。笔者无法再与他讨论下去，权当遇到一个奇人吧。

《周易》的发展历程中形成了两大流派：“义理派”和“象数派”。“义理派”主要侧重于理论研究，属于哲学范畴。往往这一派能成为古代统治者的理论智囊，入得庙堂，所以有些代表人物后来身居高位，现在一些大学中开《易经》的课程也属于这一派的传承和继续。“义理派”也有一些预测的应用，在《左传》和《吕氏春秋》中有不少应用的例子。“象数派”却主要侧重于应用研究，用于对人和事物的预测和推理。但是，中国的传统观念将人分为三教九流，起卦占卜者只能算作中九流档次，入不了庙堂，做不了官宦。因此，历来“象数派”屈居一隅。近年来，人们开始注重传统文化研究和学习，让“象数派”得以被重新重视。所谓“象数派”，是指对一个卦的卦象和卦数进行推演后得到结论。这一点与“义理派”往往根据一个卦的卦辞和爻辞推断吉凶有着根本的区别。

对一个卦象的推断俗称“解卦”。解卦有多种方法，“义理派”主要根据卦辞和爻辞解卦；“象数派”则根据卦象、卦数再配以一些推断工具来解卦，例如火珠林法（六爻法）、梅花易数等。至于到底采用哪一种方法更为合理或准确，至今也没有标准和定论。笔者虽研习《易经》20余年，但对于采用哪一种方法解卦始终存在疑问。因为对于同一个卦，采用不同的方法解卦，往往会得出互相矛盾的结论。为此，笔者十余年来曾多次书面或当面请教过目前国内号称“大师”的一些《易经》高手，也许像有些“大师”说的“缘分”不到，也许是天机不可泄露，所以笔者没有得到明

确的答案。有个别“大师”倒是实话实说：“别管那么多，你自己认为哪一种方法好用就用哪一种。”由于没有名师指点，迫于无奈，笔者只得根据解卦的实际案例的准确率选用一种方法为主。

姓名学中所用到的按姓名占卦和解卦属于“象数派”的一个应用分支。

伏羲发明的八卦是：☰乾、☷坤、☳震、☴巽、☵坎、☲离、☶艮、☱兑，也就是通常说的“八经卦”或“先天八卦”。构成一个卦的基本元素是爻。爻分为阳爻“⚊”和阴爻“⚋”两种。最初，《易经》中没有“爻”的概念，这是在数百年后，由周文王在羑里推演八卦，为每一卦配上卦辞和爻辞，以及更后来的关于《易经》的十部论著（下面将要介绍这十部论著，统称为《易传》或《十翼》）中提出的。有了阴爻和阳爻，就给每一个爻赋予阴和阳的内在属性，进一步发展到阴阳之间互相转换的关系。于是，《易经》开始成为通过八卦以阴阳符号来描述和反映客观现象的完整学说。如果没有“爻”、爻的阴阳属性、爻可以变化等概念，就不会产生“本卦”、“动爻”、“变卦”、“互卦”等延伸的概念。那么，《易经》只能根据卦辞和爻辞进行预测和推理，后来更不会产生以卦象和卦数预测和推理的“象数派”。从“象数派”产生时间的先后分析，也许这正是为什么在《左传》和《吕氏春秋》中用《易经》预测人和事的所有例子没有用到“象数派”的方法，只有用卦辞和爻辞进行推理和预测例子的原因。

孔子在《易传·系辞》上说：“是故易有太极，是生两仪，两仪生四象，四象生八卦。”司马迁的《史记》云：“西伯……囚羑里，盖益易之八卦为六十四卦。”西伯就是周文王姬昌，他被殷纣王囚禁在羑里达7年之久。在被囚禁的日子里，姬昌将伏羲

氏的先天八卦，与他的“天道、地道、人道”思想相融合，进一步推演为六十四卦，并对每卦与每卦的六爻，按照象数的内涵和有关缘由，分别配以具有吉凶含义的卦辞和爻辞。此外，周文王又对先天八卦中每一卦对应的方位加以重新定位，构成了一套新的体系，后世称之为“后天八卦”。这就是号称“万经之首”的《易经》，也称为《周易》。

后人（以孔子为代表）通过《十翼》对《周易》作了大量的注释。所谓《十翼》包括：《彖》上、《彖》下、《象》上、《象》下、《系辞》上、《系辞》下、《文言》、《序卦》、《说卦》、《杂卦》十部著作。关于《十翼》的作者到底是谁这个问题，史学界一直没有明确的定论。也许作者是一个人，更有可能的是作者是一群学者。本书只是把《易经》的象数用于姓名学，因此对上述问题不作探讨。

六十四卦是上述八经卦组合而成的，也叫做六十四个“大成卦”。有人认为六十四卦很难熟悉和记忆，一个办法是背诵“六十四卦次第歌”。笔者二十多年前开始学习《易经》时也遇到这个难题，由于笔者是学数学出身，可以利用一定的数学知识解决这个难题。建议读者利用数学中矩阵的概念来记忆六十四卦，把六十四卦看成是一个由八经卦组成的 8×8 的矩阵，也许记忆起来会方便得多。参见下面的六十四卦表。

六十四卦表

	乾☰（天）	兑☱（泽）	离☲（火）	震☳（雷）	巽☴（风）	坎☵（水）	艮☶（山）	坤☷（地）
乾☰（天）	䷀ 乾为天	䷉ 天泽履	䷌ 天火同人	䷘ 天雷无妄	䷫ 天风姤	䷅ 天水讼	䷠ 天山遁	䷋ 天地否

续表

	乾☰（天）	兑☱（泽）	离☲（火）	震☳（雷）	巽☴（风）	坎☵（水）	艮☶（山）	坤☷（地）
兑☱（泽）	泽天夬	兑为泽	泽火革	泽雷随	泽风大过	泽水困	泽山咸	泽地萃
离☲（火）	火天大有	火泽睽	离为火	火雷噬嗑	火风鼎	火水未济	火山旅	火地晋
震☳（雷）	雷天大壮	雷泽归妹	雷火丰	震为雷	雷风恒	雷水解	雷山小过	雷地豫
巽☴（风）	风天小畜	风泽中孚	风火家人	风雷益	巽为风	风水涣	风山渐	风地观
坎☵（水）	水天需	水泽节	水火既济	水雷屯	水风井	坎为水	水山蹇	水地比
艮☶（山）	山天大畜	山泽损	山火贲	山雷颐	山风蛊	山水蒙	艮为山	山地剥
坤☷（地）	地天泰	地泽临	地火明夷	地雷复	地风升	地水师	地山谦	坤为地

在了解八经卦和六十四卦的卦象后（即象数的“象”），还需要知道占卦所要用到的数（即象数的“数”），也就是八卦分别对应于一个什么数字。八卦对应的数字，有先天数和后天数之分。据传，先天数乃是伏羲氏发明的，源自河图；后天数乃是周文王发明的，源自洛书。

八卦	乾☰	兑☱	离☲	震☳	巽☴	坎☵	艮☶	坤☷
先天数	1	2	3	4	5	6	7	8
后天数	6	7	9	3	4	1	8	2

在占卦时，采用的是伏羲“先天数”。顺便提一下，在解卦学说中，除了每个卦的数，还有每个卦所居的方位问题。在使用时，卦数用先天数，卦的方位则用后天八卦中的方位。

八卦生成的大成卦分为上卦和下卦两个部分。例如，以乾卦☰为上卦，以艮卦☶为下卦得到的大成卦是天山遁卦䷠。以震卦☳为上卦，以巽卦☴为下卦，得到的大成卦是雷风恒卦䷟。每一个大成卦由六个爻组成。从下往上数，分别为初爻、二爻、三爻、四爻、五爻和上爻。

谈到用姓名占卦的规则，首先需要向读者介绍占卦的诸多方法和规则。

最初的起卦方法是用蓍草（蓍草的叶子似蒿非蒿，似艾非艾，茎儿挺直，七节八棱，七七四十九棵为一墩，阴天叶子闭合，晴天展开。请注意蓍草的上述特点，与用它来起卦是有关联的）。以蓍草起卦的方法十分复杂。《系辞》云：“大衍之数五十，其用四十有九；分而为二，以象两，挂一以象三，揲之以四，以象四时，归奇於扐，以象闰，五岁再闰，故再扐而后挂。”大衍之数的五十，有体用之分。体是五十茎蓍草去一不用，此一即是太极。义理派的代表人物王弼曰：“不用而用以之通，非数而数以之成，斯易之太极也。”用是以四十九蓍分二挂一揲四归扐，以象两仪三才四时闰月等，由此而成六十四卦，三百八十四爻，

老阳每爻三十六策，老阴每爻二十四策，老阴老阳各一百九十二爻，总为一万一千五百二十策，以当万物之数。有人把大衍的“衍”字解为“演”字，就是推演其数之义。古代的“卜筮”一词有两个含义：“卜”是指灼龟甲而得象，“筮”就是指用蓍草占卦。

但是，用蓍草起卦很复杂，而且蓍草很难觅得。笔者于 20 世纪 80 年代开始学习《易经》时无法找到蓍草，但需要用细而长的物件，先想到用筷子，但是 50 根筷子一只手无法握住，所以只能用 50 根牙签代替。后人把起卦的方法加以研究，派生出了许多起卦的方法：铜钱摇卦法、米卦法、时间起卦法、数字起卦法、方位起卦法、文字起卦法、姓名起卦法等，不一而足。本书不专门讨论《易经》，因此，仅把姓名占卦的方法和规则介绍给读者。

如前所述，中国人的姓名由姓和名两部分组成。因此，用姓名占卦时须按照这两个部分进行。首先对姓占卦，将姓氏按照前面所说的计算笔画数的规则算出该姓氏的笔画数（如果是复姓，则是复姓的两个字的笔画数之和），然后将这个笔画数除以 8，得到一个余数，这个余数按照先天数对应的卦作为上卦。如果余数为零（即笔画数被 8 除尽），则对应坤卦☷。然后对名字占卦，将名字的笔画数除以 8，得到一个余数，这个余数按照先天数对应的卦作为下卦。同样，如果余数为零（即笔画数被 8 除尽），则对应坤卦☷。在得到了上卦和下卦之后，叠加在一起就得到了大成卦，也就是本卦。接着，再将姓名的总笔画数除以 6，得到一个余数。如果余数为 1，则初爻是动爻（所谓动爻，是指阴阳属性发生变化的爻，本来是阳爻的变为阴爻，本来是阴爻的变为阳爻）；如果余数为 2，则二爻是动爻；余数为 3，则三爻是动爻；余数为 4，则四爻是动爻；余数为 5，则五爻是动爻；

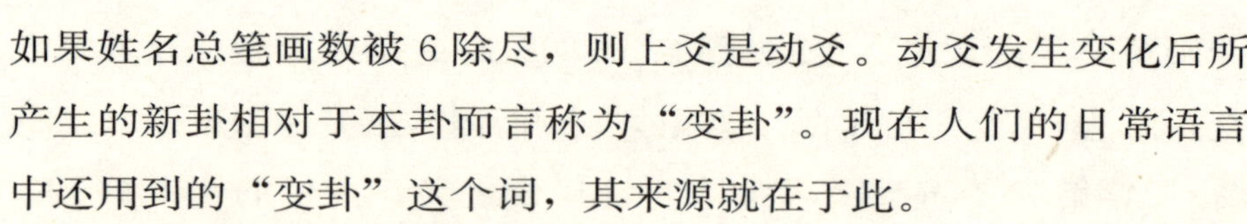

如果姓名总笔画数被6除尽，则上爻是动爻。动爻发生变化后所产生的新卦相对于本卦而言称为“变卦”。现在人们的日常语言中还用到的“变卦”这个词，其来源就在于此。

以“李育群”这个姓名为例，姓氏“李”为七画，除以8的余数为7，对应的是艮卦☶，所以，“李育群”这个姓名的上卦为艮卦☶。再把名字“育群”的笔画数总和除以8，得到第二个余数，这个余数按照先天数对应的卦即为将要产生的大成卦中的下卦。“育群”，两个字的笔画数之和为21，除以8的余数为5，对应的卦为巽卦☴。这样得到了“李育群”这个姓名的本卦为山风蛊卦䷑。姓名“李育群”的总笔画数为7＋21＝28，28除以6得余数为4，四爻动，这里是阴爻“⚋”变为阳爻“⚊”，于是得到“李育群”这个姓名的变卦为火风鼎卦䷱。

再举一例，姓名“毛炜彤”。姓“毛”，四画，上卦为震卦☳，名字为“炜彤”，笔画数总和为二十画，除以8余数为4，下卦为震卦☳，因此，“毛炜彤”这个姓名的本卦是震为雷卦䷲。总笔画数24，被6除尽，则上爻为动爻，于是得到变卦为火雷噬嗑卦䷔。

在得到一个姓名的大成卦之后，按照《易经》的原理，每一个卦象能产生本卦（即大成卦）、变卦（由本卦的动爻变化而得）、互卦（本卦的各爻重新组合而得）。可以从本卦推演出变卦和互卦。这样一个姓名的信息就更完整，貌似如果用来推测此人的命运，在民间也许被某些人认为更有说服力。卦象的推演，需要用到“动爻”的概念，“爻”是指组成一个卦（包括八经卦和

大成卦）的基本元素。在八经卦中，每一卦只有三个爻。如前所述，大成卦中，每一卦有六个爻，一个卦的最下面一爻开始依次往上，分别谓之“初爻”、“二爻”、“三爻”、“四爻”、“五爻”、“上爻”。爻有阴爻和阳爻。“⚋”为阴爻，“⚊”为阳爻。所谓“动爻”是指在一个大成卦中，某一爻发生变化，从阴爻“⚋”变为阳爻“⚊”，或者从阳爻“⚊”变为阴爻“⚋”。这个变化的爻就是动爻。另外，一个卦的动爻不一定只有一个，尤其在用蓍草起卦或用金钱摇卦时，往往会有一个以上的动爻。但是，在用姓名起卦时，只会有一个动爻，这是由姓名起卦的规则所决定的。例如，八经卦的乾卦☰，若它的初爻为动爻，则阳爻变为阴爻，于是乾卦☰变为巽卦☴。又如，风泽中孚卦䷼的四爻为动爻，则阴爻变为阳爻，于是，风泽中孚卦䷼变为天泽履卦䷉。

所谓互卦是指一个由大成卦的二、三、四、五爻重新组合而成的卦。先以五、四、三爻组成一卦作为上卦，再以四、三、二爻组成的一卦作为下卦，从而得到一个新的卦，这个卦叫做互卦。例如，山火贲卦䷕，它的互卦为雷水解卦䷧。

谈了这么多的卦象知识，目的是在用姓名起卦后从卦象上判断该姓名是否吉利。在命理学中，有这样一种判断规则，认为本卦表征的是一个人前三十年的运程，而且每一爻管五年，变卦表征的是后三十年的运程，互卦则表征成长过程中的状态。至于从卦象判断吉利与否，已经超出本书的范围，不在此讨论。

笔者将姓名学中用姓名起卦以及推演卦象的规则归纳如下，

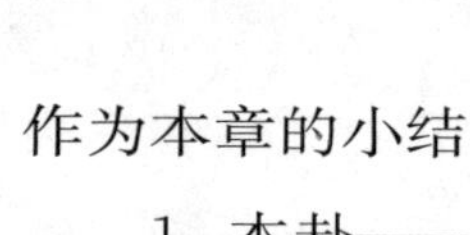

作为本章的小结：

1. 本卦——根据姓的笔画数除以 8 的余数，根据先天数得到对应的上卦。再根据名字的笔画数除以 8 的余数，根据先天数得到对应的下卦。将上下卦叠加起来，就得到该姓名的本卦。

2. 变卦——将姓和名字的笔画数相加得到姓名笔画数总和，再除以 6，得到余数。余数为 1，则本卦的初爻是动爻；余数为 2，则本卦的二爻是动爻；余数为 3，则本卦的三爻是动爻；余数为 4，则本卦的四爻是动爻；余数为 5，则本卦的五爻是动爻；如果被 6 除尽，则本卦的上爻是动爻。动爻变了之后（阴爻变阳爻，或阳爻变阴爻）得到的卦就是变卦。

3. 互卦——用本卦的五、四、三爻组合在一起为上卦，四、三、二爻组合在一起为下卦，再叠加在一起就得到了本卦的互卦。

第十章　起名案例

近年来，笔者采用上述起名的方法已经给数百人起过名字或改原来的名字。采用的方法就是第四章中所说的四个步骤：先根据其人的出生年、月、日、时辰排出八字；判断其八字中五行属性的状态；再按照“五行缺什么补什么，少什么加什么，多什么削减什么”的原则选出所需五行属性的字，这样的字可以选出很多，从中挑出字义好的字以备下一步起卦之用；最后，用其人的姓氏加上所选出的字起卦，根据卦象的优劣选出合适的字作为名字。要注意的是，姓氏本身的五行属性也要一起考量。

在十余年来为人或企业起名的实践过程中，笔者发现，有时会发生选出的名字与其人家族中长辈或同辈的名字用字冲突的现象，所以还需要知道该人有关直系亲属的名字，避免冲突。这算作在上述四个步骤之外增加了一条规则吧。笔者一般起名都提出三个名字供对方选择（在给单位和企业起名时更需如此，因为工商局登记注册时，为了防止重名需要提供三个名字）。有一次笔者应邀为一对年轻夫妇的新生孩子起名，挑了三个名字，这对夫妇很喜欢其中的一个名字，但是无法使用，因为与这个孩子的某个直系长辈的名字有相同的字，只能放弃最喜欢的名字，退而求其次。这也算是中国的姓名文化特色吧，在西方国家和有些东方国家，父子的名字、祖孙的名字中有相同字的不在少数，甚至还有祖先与后代完全同名的现象。

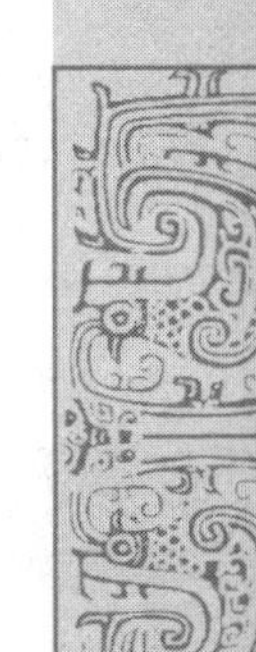

下面是近年来笔者起名的一些例子。

例一：

某吴姓男孩，2008 年 4 月 10 日 13 时 53 分（公历）出生。

他的八字为：戊子、丙辰、庚辰、癸未。八字中缺木，金偏少，土偏多。

姓氏为吴，吴字七画，五行属性为木。这样他的姓氏就补充了木。但是，由于土偏多，需要适当削减。根据“木克土”的原理，在选字时偏重考虑选五行属性为木的字，其次选五行属性为金的字。最后选出三个名字：吴本尧、吴旭悦、吴可棣。分析如下：

“吴本尧”——吴，七画，属木；本，五画，属木；尧，十二画，属木。用“吴本尧”占卦得本卦为山天大畜卦䷙，总笔画数是24，故上爻为动爻，得变卦为地天泰卦䷊。

“吴旭悦”——吴，七画，属木；旭，六画，属木；悦，十一画，属金。用“吴旭悦”占卦得本卦为山天大畜卦䷙，总笔画数是24，故上爻为动爻，得变卦为地天泰卦䷊。

“吴可棣”——吴，七画，属木；可，五画，属木；棣，十二画，属木。用“吴可棣”占卦得本卦为山天大畜卦䷙，总笔画数是24，故上爻为动爻，得变卦为地

天泰卦䷊。

在六十四卦中，山天大畜卦䷙和地天泰卦䷊都是吉利之卦。所以笔者把这两个卦作为本卦和变卦确定所选的字。当时还选了其他的字，由于得到的卦象不佳，故舍去不用。

例二：

某孙姓女孩原名叫孙璇，1992 年 12 月 19 日 18 时 40 分（公历）出生。其父母要求为其改名。她的八字为：壬申、壬子、己巳、癸酉。八字中缺木，水过多（当然，由于“水生木”，对缺木有些补益）。姓氏为孙，孙字十画，属金。本来就缺木，又有孙字来一个“金克木”，更为不利。原名璇，十六画，属火。按照“木生火”的原理，对木乃是损耗之患，因此，对本来就缺木的八字也很不利。最后选出两个名字：孙嘉弈、孙萃芝。分析如下：

“孙嘉弈”——孙，十画，属金；嘉，十四画，属木；弈，九画，属木。用“孙嘉弈”占卦得泽山咸卦䷞，笔画总数是 33，故三爻为动爻，得变卦为泽地萃卦䷬。

“孙萃芝”——孙，十画，属金；萃，十四画，属木；芝，九画，属木。用“孙萃芝”占卦得泽山咸卦

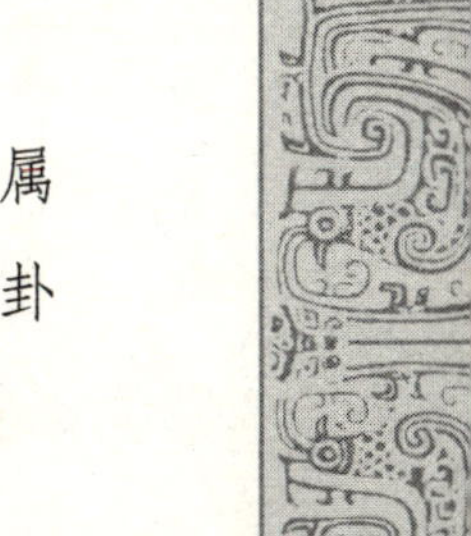

䷞，笔画总数是33，故三爻为动爻，得变卦为泽地萃卦䷬。

泽山咸卦䷞和泽地萃卦䷬都是吉利的卦。例如清朝的咸丰帝，他的帝号咸丰就是从咸卦和丰卦各取一字合成。当然就像笔者前面说过，名字好了，未必一辈子顺利。咸丰皇帝时代，清朝已经衰败，咸丰皇帝本人的结局也不好，1861年死于避暑山庄，享年仅三十一岁。他死后50年清朝就终止了。

例三：

某夏姓男孩，1993年5月25日9时35分（公历）出生，原名叫夏如运。要求改名。他的八字为：癸酉、丁巳、丙午、癸巳。八字中缺土、木，火太盛。按照“火生土”的原理，虽然缺土，但火多对土有所补益。而且，夏字属性也是火。因此，选字时主要考虑补五行属性为木的字。

原名“夏如运”的本卦为泽水困卦䷮，变卦为泽地萃卦䷬。如果用梅花易数解卦，本卦中出现“体生用”的现象，乃损耗之患，不利。最后选出两个名字：夏伟尧、夏培闳。

这两个名字的卦象读者可以自行分析，此处不再赘述。

例四：

某张姓女孩，2008 年 5 月 6 日 10 时 20 分（公历）出生。她的八字为：戊子、丁巳、丙午、癸巳。

有趣的是，她的八字中除了年柱（年份的两个字）之外，其余的月柱（月份的两个字）、日柱（日子的两个字）、时柱（时辰的两个字）与第三个例子中的男孩完全巧合。她的八字中缺木、金，火太盛。姓氏为张，属土，按照“土生金”的原理，对所缺的金有所补益。最后选出三个名字：张茗君、张茜谷、张雅吟。

这三个名字的卦象也不作赘述，读者可以自行分析。

例五：

某郑姓男孩，生于 2008 年 10 月 23 日 0 时 15 分（公历）。他的八字为：戊子、壬戌、丙申、戊子。

这个八字缺木，水偏多。姓郑，十九画，五行属火。按照“木生火”的规则，本来八字就没有木，所以更需要用名字为其补木。这个男孩的父母皆为单名，为了与其父母单名的习惯一致，起了两个名：郑逊、郑谡。同时起了两个双名：郑佐宸、郑如琤。

这几个名字的卦象，读者可以自行分析。

例六、例七：

周姓夫妇有一子一女。男孩生于 2006 年 8 月 26 日 18 时 25 分（公历），已经有名字，希望改名。女孩生

于2008年10月21日23时15分（公历），需要起名。而且两个孩子按照“清”字辈排行起名。周字八画，五行属金，清字十二画，属水。

男孩八字为：丙戌、丙申、丁亥、己酉。八字中缺木，水偏少。针对男孩的五行属性以及周、清二字的五行属性，建议改名为：周清恪、周清珈、周清桐、周清桓。

女孩八字为：戊子、壬戌、乙未、丙子。八字中缺金，水、土偏多。好在姓周本身已经补了一个金。但是八字中水偏多，而清字的五行属性又是水，所以注重补金和火。建议起名为：周清璁、周清珏、周清嫱、周清璇。

例八：

一位姓李的友人生于一九六〇年八月十九日（农历）辰时，要求起一个笔名。其生辰八字为：庚子、乙酉、庚午、庚辰。八字中五行全，但金过多，木、水、火、土各一，五行明显不平衡。姓李，“李”在作姓氏使用时五行属性为火，刚好可以克制过盛的金，但笔名一般不用姓氏，只需两个字即可，要求用笔名的两个字调节八字中五行的平衡。选择用字应侧重于补木（因为“金”过盛，克制了木）或补水（金生水，让金消耗一些），同时需考虑所选择的字组成笔名后的卦象。最后建议其采用笔名为：逸臻、葆臻、汇臻。至于这几个笔名的卦象分析，笔者就不再赘述。

例九：

一位姓师的友人于2007年领养一女。该友人1962年生，属虎。根据“寅亥六合”的规则（这里有水生木之寓意），为了今后养母与养女之间关系融洽，笔者建议其领养一个属猪的孩子。后来这位朋友领养了一个生于2007年9月22日2时35分的女孩（丁亥年八月十二日丑时），要求笔者起名。女孩的八字为：丁亥、己酉、己未、乙丑。八字中五行全，但有四个土，过多；金、木、水、火各一。该友人姓师，“师”十画，属金，土又生金，则金偏多。所以起名的考虑主要补被金克制的木，或补水，让过多的金消耗一些。笔者为该女孩起了三个名字：师艺弘、师怀冰、师巍玉。至于这几个名字的卦象分析，笔者就不再赘述。

例十：

某市人民医院下属的劳动服务公司要求起名。既然是医疗机构，在起名时需要考虑其所属行业特点进行选字，再在所选字中取有好的卦象的字。笔者为该公司起的名为：嘉健、琪康。

以上是笔者从近年来为别人或企业起名的例子中摘选的，是笔者的起名方法的具体应用和实践。前几年笔者在起名时，由于当时没有编纂本书的7100余字的字库（见第十二章“常用汉字笔画五行属性检索表”），所以手头要备一本汉语字典，在字典中查找所需的字，费时较多。在笔者编纂了“常用汉字笔画五行属性检索

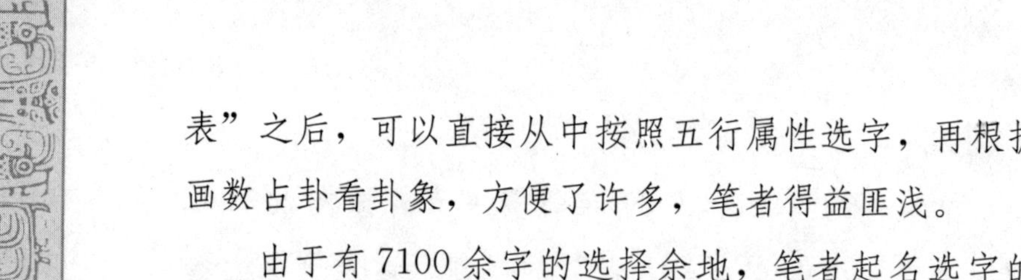

表”之后，可以直接从中按照五行属性选字，再根据笔画数占卦看卦象，方便了许多，笔者得益匪浅。

由于有7100余字的选择余地，笔者起名选字的范围很大，这也是笔者起名的重复率低的重要原因之一。现在流行的许多关于姓名看人生一类书籍，大多列出了起名选字表。笔者曾认真看过几本此类书籍，觉得有几个问题。其一，字数过少，因此选择范围有限；其二，所提供的字都是挑选吉利的汉字，这些书的作者选择这些字的出发点无可厚非，但是有些看似不吉利的字如果用好了，一样能构成很不错的名字（参见本书第四章）；其三，涉及汉字五行属性的很少，再结合分析卦象的更少。因此，读者无法明白这些书中提供的对应于每个数字的吉凶解释的依据是什么。

第十一章　用姓名占卦规则的思考

众所周知，起名有很多种方法，起名的书籍更是林林总总。笔者在本书介绍的起名方法只是其中之一。笔者决不敢自诩高明，只是希望深入探讨中国特有的姓名文化。诸如关于姓名的起源、姓名内涵、将姓名与命理学和五行联系在一起研究等。笔者相信在姓名学领域一定有高手不屑于出世，尤其是涉及用姓名占卦规则，更是易学界一些高人的强项。

即使没有所谓的“姓名学”，用姓名占卦自古已有，它是易学界“象数派”的应用领域之一。但是，有心的读者也许会发现，用姓名占卦的规则还有一些需要进一步思考的问题。下面就其中的一个问题加以讨论。

大家已经知道，用姓名占卦的规则是：先用姓氏的笔画数（如果是复姓，则用复姓笔画数之和）占得上卦，再用名字的笔画数之和占得下卦，上下卦叠加成为该姓名的本卦。最后用姓名笔画数总和求得动爻，得到变卦。

要讨论的问题在于，如果选择的名字是单名则比较简单，如果名字是两个字的，这两个字的先后顺序如何安排？因为用名字占下卦时只需两个字的笔画数之和，无论两个字谁先谁后，笔画数都是相同的。难道两个字的先后次序就没有作用乎？一门学问需要严谨，经得起推敲。仅就两个字组成名字的含义而言，有时候将两个字颠倒次序，组成的名字的含义会显得不合理，甚至有

些反义。以第十章的“例九”为例，笔者选择的三个名字为：师艺弘、师怀冰、师巍玉。“师艺弘”这个名字如果将“艺”和“弘”颠倒次序，则变成“师弘艺”，在含义上尚且说得过去。但是如果将“师怀冰”变成“师冰怀”，或者将“师巍玉”变成“师玉巍”，则含义就不那么好了。但是按照姓名占卦规则，原来的姓名和颠倒次序后的姓名占卦得到的卦象相同。如果起名多了，这个问题一定会产生困扰。

目前姓名学领域的书籍对这个问题基本没有涉及，特别是所谓的“熊崎氏八十一数姓名学”，它只是计算笔画数，根本不涉及字的先后次序，这样的学问被日本人号称为“圣学”，实在有点盛名之下，其实难副。即使在易学界，对于用姓名占卦的方法中，也没有讨论组成名字的两个字的先后次序问题。

上面举的“例九”的例子，主要是从名字的含义角度看出两个字先后次序的问题。先后次序除了影响名字的含义，还有没有其他影响？又应该怎么解决？这个问题也许正是姓名学需要深入探讨的一个课题。

笔者由于十余年来多次遇到这个问题，被困扰了许久。笔者的宗旨是研究姓名学，不是以起名为职业。如果只是职业起名者，那么只要客户不提出这个问题，没必要去深究，可以含糊过去，但是一门学问需要完整和严谨。根据笔者掌握的命理学知识和实践经验，认为可以从以下几个方面解决。

首先是考虑需要起名的人的属相和性别。根据每个字的五行属性结合此人的八字中的天干地支，再根据十个天干、十二个地支之间的六合、三合局、六冲关系进行分析。命理学中有“男怕三合，女怕六冲”等规则。充分利用这些知识，可以比较合理地确定构成名字的两个字之间的先后次序。

其次是直观地分析构成名字的两个字的先后次序不同产生的

含义的差异，然后作出选择。

笔者这里介绍的确定构成名字的两个字的先后次序的方法经实践证明比较有效，但尚无典籍记载或有先例可循。因此，也只能算是笔者的一种探索。期望有心的读者能更深入地研究和思考，让具有中国特色的姓名学更加严谨，则笔者愿已足矣。

至于其他有待辩证思考的问题，笔者也正在探索，因此不在这里一一列举。

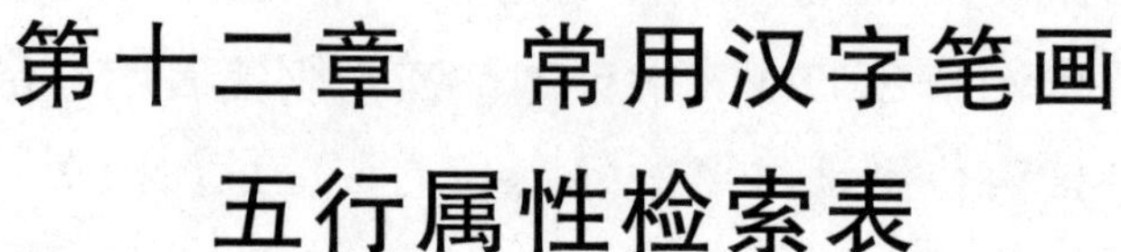

第十二章　常用汉字笔画五行属性检索表

为了方便读者检索查字，笔者将7100多个常用汉字的五行属性和笔画数整理后列表如下。编纂是按照笔画数和五行属性两条思路进行的。对于其中一些相对比较生僻的字，注明了读音或简单的含义，读者在使用时不必再另外查找字典就可以用于名字用字的选择。当然这份检索表的定位毕竟不是字典或词典，因此没有对每一个字作详尽的注释。

另外还要说明的是，对于又有繁体又有简化的字，表中只列出了简化字。因为就每一个字而言，无论繁体或者简化，它的五行属性没有因为繁简的变化而改变。但是，表中所列的该字的笔画数却是按照繁体字计算而得，因此，读者不必再考虑该字的繁体字多少画，简化字多少画，直接使用即可。

可以说，按照这种思路编纂的汉字的五行属性和笔画数检索表尚无先例。希望能给读者一些方便和帮助。

一画（3字）

五行属性	金	木	水	火	土
字				丶(zhǔ)	乙、一

二画（20字）

五行属性	金	木	水	火	土
姓	刀		卜、乜(niè)	刁、丁	
字	十、人、七		八、几	二、了、力	又
	入、匕		勹(bāo,同“包”)	乃、九	
	厶(sī,同“私”)				

注：“九”还有另一种算法，计为九画。

三画（53字）

五行属性	金	木	水	火	土
姓	千、寸	弓、干			于
	山(作为姓,读 yá)	丌(qí,姓氏)			
字	士、川	久、口、已	凡、下、个	女、巳、之	丸、兀、丫
	上、夕、尸	工、廿、及	亡、子	大、弋、丈	己、土、也
	才、三、叉	乞、巾、孑(jié)	万[万俟(Mò qí)为复姓]	么、勺	尢(yóu,同“尤”)
	刃、亍(chù)	彡(shān,须毛和画饰的花纹)		孓(jué)	小
	巛(chuān,同“川”)			彳(chì,“彳亍”一起形容走路形态)	
				乇(tuō,委托)	

四画（96字）

五行属性	金	木	水	火	土
姓	殳(shū)、仇	孔、卞、元	方、毛、水	井、支	尤、尹、王
		戈、公、牛	巴、文、毋	仉(zhǎng)	
		勾、云、亢			

续表

五行属性	金	木	水	火	土
姓		亓(qí,姓氏)			
字	仁、升、氏	介、月、及	化、夫、卅	天、中、日	允、友、引
	爪、手、仄	木、匀、欠	心、父、分	斗、内、屯	曰、厄、切
	兮、什、今	五、斤、牙	比、不、壬	太、吊、丹	卬(áng,同"昂")
	切、卅	丏、今、犬	匹、互、勿	尺、止、六	夭、予、丑
	刈(yì,割除)		反、户、幻	仃、火、午	
	冗、仍、少		片、歹、爿(pán)	爻、仂(lè)	

五画（131 字）

五行属性	金	木	水	火	土
姓	史、占、申	甘、古	皮、平、包	冉、代、左	田、由、石
	司、叱	句(用作姓,读 gōu)	白、付	台、令、丘	
			布、母、弘		
字	仟、生、仙	加、卉、禾	民、匆、丕	丙、它、冬	右、央、用
	且、仕、四	可、功、本	玄、穴、必	叮、立、召	永、以、仔
	世、示、册	外、巨、去	半、末、北	旦、只、仗	幼、札、瓦
	市、出、矢	巧、刊、瓜	弗、叭、目	尼、奴、奶	凹、戊、矽
	失、斥、矛	札、囚、卡	弁、兄、乎	氐(dī 或 dǐ)、叻(lè)	孕、玉
	叨、刊、仞	五、卯、瓜	氕(piē,氢的同位素)	另、全、他	
	正、甩、乍	尕、甲、叫	仨、叵	叨、尥(liào)	
	主	宄(guǐ,犯法作乱的人)	卟(bǔ)		
		叩、未	閟(bì,同"闷")		
		疒(ne,倚,靠)	夯、皿、疋		
		仡(gē,勇猛雄壮)	匝(zā)、仫(mù)		

六画（182字）

五行属性	金	木	水	火	土
姓	任、字、成	吉、曲、匡	米、伏、向	全、仲、年	安、衣、羊
	戎	朴（piáo 仅作姓用；非姓为“樸”）	伍、回、牟		伊、充、有
	死	幵（jiān，羌族分支，亦作姓氏）	危、印、后		
		朱、仰			
字	守、如、在	好、交、旭	行、合、名	亘、弛、老	亦、宇、夷
	而、西、舟	竹、共、吁	汁、亥、妃	至、自、兆	因、似、戌
	式、先、争	企、各、聿	百、冰、休	灯、虫、决	屹、岌、伢
	收、丞、吏	考、犰（qiú）	仿、血、并	多、耳、宅	地、圳、艮
	戌、寺、旬	朽、伉	汀、刑、凶	吃、同、旨	吖（yā，喊叫）
	吒（zhà）、汆（cuān）	件、朵、尬	帆、收、份	打、尖、匠	圮（pǐ）、圪（gē）
	此、州、臣	杋（bā，无齿耙）	伐、扒、凼（dàng）	吐、虫、耒	灰、圾、圭
	次、再、色	乩（jī，占卜问疑）	氾（fàn，同“泛”）	至、旮、吆	屺（qǐ，没草木的山）
	存、早、夙	伎、奸、臼	犯、缶、好	乓、囡（nān）	羽、圯（yí）
	囟（xìn）	囝（jiǎn）	冱（hù，冻结、闭塞）	忉（dāo，忧心、焦虑）	圬（wū，瓦工用的工具）
	曳（yè，牵引、拉拖）	夼（kuǎng，洼地）	糸（mì，细丝，不同于“系”）	氘（dāo，氢的同位素）	
	舛（chuǎn，错乱）		仳、牝、乒	光、她、旯	
	丢、列、扔			劣、甪、氖	
	舌、充、凸			肉、佤、妄	
	妁（shuò，媒妁）			氽（tǔn，与“汆”不同）	
	刎、吸、匈				

七画（287 字）

五行属性	金	木	水	火	土
姓	宋、佀(sì)	岑、谷、何	冷、贝、别	吕、利、佟	余
	车、佘、束	言、吴、却	况、步、江	但、巫、求	
	辛、肖、汝		池、伯、汲	杜	
		呙 (guō，古代国名)	芈(mǐ)	李 (用于姓氏属火)	
		囯(guó，同“国”)			
		角(用作姓，读 jué)			
字	助、作、吱	困、见、更	希、孚、孝	良、男、卵	佑、攸
	伸、身、佐	克、系、君	宏、妙、伴	里、廷、志	似、邑、完
	秀、妆、伫	攻、吟、吾	甫、兵、尿	呈、伶、佔	位、延、辰
	序、赤、壮	改、局、吓	汐、汛、屁	体、足、豆	甬、坂
	忍、走、孜	杖、告、壳	忘、含、庇	彤、弟、灼	岜(bā)、岙(ào)
	坐、私、妊	究、我、估	尾、呆、妣	甸、牢、住	坌(bèn，尘埃)
	吹、酉、吻	妓、杆、杞	亨、妤、囫	灶、佗、灸	坊、坩、均
	声、忒、伺	羌、劬(qú)、杉	形、佛、忙	妥、町、弄	坎、坑、牡
	七、劭、杏	杓(biāo， 北斗第 5、6、7 颗星，亦称斗柄)	系、妨、否	努、疔、妖	妑(pā)、圻(qí， 方千里之地)
	巡、皂、岔	材、杈、床	汗、罕、免	你、姊(zǐ)	坍、秃、呀
	扨(chá，敛取)	村、呃、伽	汉、孛、弧	低、佃、囤	岐、岍(qiān)
	吵、氚(chuān)	杠、旱、吼	即、戒、污	甙、玎、盯	岘(xiàn)、 氙(xiān)
	串、囱、忖	庋 (guǐ，收藏、置放)	吧、妞、汕	呔(dāi)、犴(àn)	岈、冶、矣
	兑、判、删	肓、忌、夹	汜(sì)、吥(bù)	辵 (chuò，走走停停)	佚、役、址
	吣(qìn，胡说)	疖、劫、作	奋(bā，大)	妒、吝、呐	吲(yǐn)
	礽(réng，福)	岠(jù)、妗(jìn)	弝 (bà，弓背握手处)	旰(gàn，天色晚)	卣 (yǒu，古代酒器)
	卲 (shào，不是“邵”)	妜 (juè，美貌传情)	伻 (bēng，使、使者)	玏(lè，“瑊玏”， 意为美石)	欤(yú，语气词)

续表

五行属性	金	木	水	火	土
字	吮、姒(sì)	扛、扣、伲	皀(jī,稻谷香;bī,谷粒或豆粒别称。不同于皂)	佞、忐、忑	玙(yú,美玉)
	兕(sì,古代酒器)	扦、杉、杏	佊(bǐ,邪)	妐 zhōng	
	卮(zhī,古代酒器)	扤(wù,折磨、骚动)	汔、吡(pǐ,诋毁)	佁(yǐ,静止不动)	
	伭(xián,恼恨)	杌(wù,小凳子)	汎(fàn)、妘(yún)	廷、吞、托	
		李(用于名字属木)	彷、吠、吩	豸(zhì,无脚之虫)	
		匣	呋、汞、佝		
			伾(pī,有力的样子)		
			戒、每		
			尨(méng,蓬松;páng,高大)		

八画(402字)

五行属性	金	木	水	火	土
姓	宗、初、周	林、松、官	孟、沐、武	来、狄、卓	艾、於、依
	青、尚、昌	季、屈、杭	明、门、房	咎、居、易	
	庚、金	岳(通"嶽",十七画)	沈、汪、宓	佴(用作姓,读nài)	
		竺、东	和、冼、沙	炔(用作姓,读guì)	
			牧、幸、扶		
			沃		
字	采、忱、冲	孤、决、抗	汾、扳、汶	两、投、炎	亚、矾、盱
	儿、侃、始	技、快、乖	佩、孢、卑	侍、例、岱	夜、委、旺
	使、事、取	其、玖、佳	妹、朋、汴	昆、妮、姐	宛、肴、往
	刳(kū,剖开、清除)	供、姑、宜	府、奉、雨	炒、典、直	抑、坳、坰

续表

五行属性	金	木	水	火	土
字	宙、昔、刷	奇、欣、杯	忻、放、味	长、定、知	盂、昀(yún)
	所、垂、刹	固、果、券	或、忿、秉	侈、忠、制	岢、岷、帕
	抄、姓、社	卷、昂、侉	虎、沆、呼	争、念、的	附、咏、奄
	舍、叔、姗	京、空、杵	表、非、服	弩、侗、沓	佾(yì)、岫、育
	侏、抓、卒	肯、枝、枋	抛、没、批	杻、咄、到	肴、坤、坪
	弨(chāo)、冲	析、究、纠	沏、彼、把	剌(là)、妲(dá)	坡、坦、岩
	刮、净、妻	枊(àng)、杲(gǎo)	沂、咂、奔	剁、其、哎	坻(dǐ,高坡地)
	戕(qiāng)、叁	艿(nǎi)、佶(jí)	享、岸、咐	佰、炊、耷	坫(diàn,土台子)
	受、抒、祀	肩、佼、届	命、弦、沅	宕、底、店	矸、岣(gǒu)
	承、咒、帚	卺(jǐn)、枘(ruì)	并、版、沫	玓(dì)、玎(dīng)	岵(hù,多草木之山)
	戋(jiān,细微)	杳、具、狂	爸、帛、沉	咚、抖、抉	岬(jiǎ,两山之间)
	刻、孥、疝	歧、穹、板	沌、泛、氛	昉、昊、折	垃、岷、爬
	侁(shēn,形容众多)	枊(àng)	阜、冈、卦	炅(guì/jiǒng)	峁(mǎo,黄土丘陵)
	呻、昇、受	杼(zhù)、厓(yá)	汩(gǔ)	仑、旻、奈	坶(mǔ,土壤)
	忪(sōng)	枕、妸(ē,同“婀”)	盲、泯、汨	念、乳、昕	坭(ní,同“泥”)
	怂、些、侄	兒(ní,同“倪”,又同“儿”)	沚(zhǐ,水中小陆地)	弢、佯、炕	坢(bàn,粪肥)
	穸(xī,窀穸为墓穴)	斧、秆、疙	状、帔、呵	坼(chè,裂开)	坯、坨、忤
	刖(yuè,砍脚酷刑)	咕、呱、忽	攽(bān,古语同“颁”)	佽(cì,帮助、资助)	呦、臾
	甾(zāi,古语同“灾”)	昏、肌、亟	姅(bàn,女性产育)	徂(cú,到、往)	侑(yòu,劝、陪侍)
	昃(zè,太阳偏西)	艽(qiú,荒远)	汳(biàn)、沘(bǐ)	炙(zhì)、戽(hù)	狁(yǔn,猃狁,古族名)
	怎、咋、轧	疚、咀、咔	畀(bì,给予)	奈、佬、肋	
	姃(zhēng,女子名)	咖、忾、侩	忭(biàn,高兴、欢喜)	戾、冽、图	
	忮(zhì,刚愎凶狠)	枚、呢、苘	抃(biàn,鼓掌)	呶、呤(lìng)	

续表

五行属性	金	木	水	火	土
字	妯	杪（miǎo，树梢）	瓟（bó，小瓜）	坴（sù，大土块）	
		杻（niǔ）、呷（xiā）	侅（gāi）	疟、妾、帑	
		杷、枇、虬	劾、牦、殁	帙（zhì，书画封套）	
		杠、卧、扼	佫（gé，到达）	忝（tiǎn，谦虚之词）	
		礿（yuè，祭祀之名）	泐（lè，石头依纹理而裂开）	佻（tiāo，轻佻）	
			侔（móu，相等）	帖、罔、找	
			姆、忸、扭	隹（zhuī，短尾鸟）	
			狃（niǔ，拘泥）		
			咆、庖、呸		
			佩、汽、沁		
			汰、物		
			弦、协、汹		

九画（508字）

五行属性	金	木	水	火	土
姓	帅、宣、俞	柯、羿、纪	封、柏、法	招、南、段	禹、韦、姚
	信、秋、查	柳、姜、相	风、哈、宦	姞（jí）	胡、瓮、要
	施、胥	芃（péng）	计、冒、侯		
	耏（ér）	柁（tuó，房屋横梁）	红、咸		
	肜（róng，古代的一种祭祀；姓）				
	侁（shēn）、厍（shè）				
	昝（zǎn）				
字	春、促、甚	侠、拒、柑	抿、保、衍	侣、律、怠	哀、约、研
	页、首、则	军、科、级	沛、河、拔	治、帝、亮	威、勇、音

续表

五行属性	金	木	水	火	土
	是、前、省	皆、俄、竿	怖、泊、波	殆、重、贞	幽、畏、垠
	思、叙、星	建、癸、冠	泓、注、柏	胄、昭、亭	囿、姻、砭
	食、注、拆	客、界、劲	飞、香	盾、眈、奏	昶、峒、垌
	拙、峙、姝	姣、拘、肝	美、厚、沸	秭、酊、俊	砉(xū,皮骨相离声)
	页、勅(chì)	祈、胤、彦	品、盈、勃	抵、拐、纣	娃、匽(yǎn)
	柔、差、姿	轨、看、竿	皇、面、扁	盹、订、突	怡、舁(yú,抬)
	昨、俣(yǔ,魁伟)	故、禺、急	抹、沿、泳	政、赴、炳	爰(yuán,改变、更换)
	姹、怊(chāo)	芝、虹、矩	抱、秒、屏	抽、待、哆	舣(yǐ)、羑(yǒu)
	穿、舡(chuán)	柄、革、既	姸、油、沾	拉、柬、炯	玥、拗、衩
	痳、炫、昭	枷、架、矜	盼、巷、眇	玦、厘、俚	垵(ǎn,同“埯”,点种的小坑)
	哉、咨	牮(jiàn)、九	眉、泫、昧	娜、耐、纨	砭(biān,针刺治病)
	酌、兔、侟	芑(qǐ)、柃(líng)	版、便、疤	昱、拓、歪	垞(chá,小土丘)
字	臿(chā,通“插”)	芊、俏、俫	祊(bēng)	者、贞、致	肚、垛、垩
	疢(chèn,热病)	酋、芄、奕	后(按繁体字“後”)	侽(nán,古语同“男”)	垤(dié,小土丘)
	宬(chéng,藏书室)	弈、芋、柱	讣(fù)、泠(líng)	抶(chì,鞭打)	垮、垢、砘(dùn)
	怵、毒、度	柞(zuò)、柘(zhè)	泖、沔、勉	怛(dá,忧伤、悲苦)	砍、垡(fá,翻耕过的土块)
	剐、殂(cú,死亡)	柲(bì,兵器的柄)	泯、某、姥	祋(duì,兵器,即“殳”)	垓(gāi)
	刭(jǐng)、钆(gá)	柢(dǐ,树根)	泮、盼、披	哚(duǒ,化学名词)	垲(kǎi,干燥高地)
	枯、俓(jìng,通“径”)	芏(dù,草名)	品、染、泗	曷(hé,什么)	奎、趴、怕
	怯、侵、纫	枹(bāo,小橡树)	哞(mōu)、泶(xué)	烀(hū,半蒸半煮)	盆、砒、垧
	砂、衫、牲	尜(gá,儿童玩具)	泱、拜、沼	咴(huī,形容马叫声)	哇、娃、胃
	叟、舢(shān)	疳、肛、缸	泥、治、泉	俐、怜、咧	屋、侮、型
	哂(shěn,微笑)	纥(gē,纥纮,绳线等打成的结)	拌、背、甭	拎、哪、怒	峋、押、垭

续表

五行属性	金	木	水	火	土
字	矧(shěn,况且)	虼(gè,跳蚤)	窆(biǎn,下葬)	柰(nài,果木名)	咽、快、咿
	室、耍、闩	哏、狗、牯	拚、哺、俘	虐、炮、泰	咦、姨、俑
	娀(sōng,有娀,古氏族名)	咣、皈、柜	昪(biàn,日光明盛、喜乐)	炱(tái,烟气凝积而成的黑灰)	舣(yǐ,停船靠岸)
	俗、剃、籼	哄、訇、茇	沲(duò,荡漾)	炭、殄(tiǎn)	疣、宥、垣
	祆(xiān,拜火教)	咭、疥、韭	狐、狒、畈(fàn)	畋(tián,打猎、耕种)	纡(yū,弯曲、系结)
	庠(xiáng,学校)	叚(jiǎ,同"假")	玢(bīn,玉名)	拖、凃(同"涂")	垚(yáo,同"尧")
	削、性、咻	扃(jiōng,门闩)	凫(fú,野鸭)	肟(wò,化学名词)	窀(zhūn,墓穴)
	钇、蚤、眨	狙、咳、哐	怫(fú,愤怒)	炫、殃、徉	
	怍(zuò,惭愧)	咯(kǎ)	拂、氟、罘	紃(xún,细带)	
	咤、怔、咫	芇(mián,不分胜负)	拊(fǔ,拍)	咬、映、怨	
	肘、拄、俎	怩、昵、拈	拇、拍、哌	灾、炸、祉	
	俟(qí,万俟为复姓)	赳、柈(pán,盘子)	泔、沽、孩	盅、炷、籽	
		芒、玩、枰	很、泄、徊(huái)	耔(zǐ,给植物根部培土)	
		契、芍、柿	怙(hù,依靠、凭恃)		
		甽(quǎn,田中的沟)	奂(huàn,鲜明、华丽)		
		柙(xiá)、狎(xiá)	虺(huǐ,毒蛇)		
		柝(tuò,打更的梆子)	哕(yuě,呕吐)		
		斫(zhuó)、枳(zhǐ)	沮、炬、泪		
		枵(xiāo,空虚、单薄)	负、玫、昂		
		栅、俆(xú,同"徐")	咪、弭、泌		
		疫、柚	玟(mín,同"珉")、咩(miē)		
			眅(pān,白眼看人)		

续表

五行属性	金	木	水	火	土
字			虻(méng)、沭(shù)		
			卸、俜(pīng)		
			叛、狍、泡		
			疱、怦、抨		
			姘、泼、匍		
			毘(pí,同“毗”)、毗(pí)		
			柒、泣、泅		
			染、娆、沱		

十画（583字）

五行属性	金	木	水	火	土
姓	修、徐、时	桂、宫、桑	马、班、洪	祖、凌、乌	晏、殷、容
	神、晁、奚	原、高、姬	秘(用作姓，读bì)	展、耿、晋	袁、敖、翁
	孙、师、倪	栗、卿、花		秦、唐、祝	
	席、索	家、贡、柴		芮、夏、能	
	宰(宰父为复姓)	桓			
		茍(gǒu,古语同“苟”)			
字	纯、倩、息	兼、纭、芷	纷、氦、派	伦、倬(zhuō)	准、益、轩
	祚、峻、财	唁、苡、痈	洽、粑、呗	值、哧、耻	恩、烟、员
	剞(jī)、訏(xū)	耕、娟、起	恨、舨、珀	娘、致、朔	幽
	珊、钊、书	哥、记、羔	恒、圃、训	烈、庭、晃	盎、娓、峡
	真、笑、素	芸、恭、库	峰、效、畔	疸、爹、珍	芺(ǎo)、彧(yù)
	指、宵、仓	气、俱、岂	配、航、娑	洛、玲、珖	唉、埃、俺
	疰(zhù,夏季疾病)	娱、峪、梃	纺、倍、娥	特、冻	砹(ài,非金属元素)

续表

五行属性	金	木	水	火	土
字	酎(zhòu,经过两次以至多次复酿的醇酒)	倚、粉、珈	洋、豹、耘	恕、料、岛	佑、按、案
	殊、乘、祠	虔、笆、桔	耗、般、趵	留、恫、衲	峬(bū,形态优美)
	俶(chù)、刍(chú)	肱(gōng)、隽(jùn)	洱、舫、服	纳、娣、蚪	城、砥、峨
	珐、罡、针	倌、衮、恢	函、祜(hù)	笫(zǐ)、祚(zuò)	砷、埕(chéng)
	拽、租、唑	笈、径、珂	洄、洹(huán)	耽、恍、剔	訑(yí,放纵)
	珅(shēn)、奘(zàng)	恪、邕、括	洛、勐、珉	玷、翀(chōng)	砝、砩、个
	珇(zǔ,玉的纹理)	凇(sōng)、芪(qí)	洳、洮、纹	站、疾、娘	埂、埚、砰
	拯、症、纸	芩(qín)、祗(zhī)	务、洵、衍	珏、旃(zhān)	砣、砬(lá,山上耸立的大岩石)
	眩、睬	芹、栓、笋	秕(bǐ)、倴(bèn)	朗、凉、瓴	埒(liè,同等、矮墙)
	射、拾、剥	根、桎、笊(zhào)	舭(bǐ)、俾(bǐ)	讯、迅	埋、破、埔
	豺、伥、倡	栩、芫(yuán)	畚、俵、病	娖(chuò,整理整齐)	砌、峭、窃
	刬(chǎn,同“铲”)	峪、蚧、恰	珌(bì,刀鞘装饰)	肽、紞(dǎn,带子)	埏(yán,地的边界)
	鬯(chàng,祭祀用酒)	桉、芭、梆	髟(biāo,毛发下垂貌)	倒、宬、烘	軎(wèi,古代车上的零件)
	昭(chǎo,目光挑逗)	栢(bǎi,同“柏”)	玻、砵、毫	倘、瓞(dié,小瓜)	胭、蚜、氩
	耖(chào,一种农具)	苄、栟(bīng)	庯(bū,平屋顶)	晄(huǎng,同“晃”)	阢(wù,阮隉,局势不安定)
	唓(chē,厉害、凶猛)	扃、娴、芳	秤、臭、洞	倔、烤、烙	恹(yān,精神不振)
	宸、蚩、持	苊(è,化学名词)	泚(cǐ,用笔蘸墨)	哩、娌、俩	肮
	翅、脆、厝	芬、芙、酐	肪、肥、匪	旅、挛、倮	
	凋、钉、刚	皋、迁(gan,进)	肺、俸、蚨	耄、拿、孬	
	怪、借、钌	绀(gàn,黑里带红)	祓(fú,洗濯求福)	肭(nà,腽肭、肥胖)	
	倩、座、剖	鬲、哽、蚣	俯、釜、害	恧(nǜ,惭愧)	
	钋(pō)、挈(qiè)	格、哿(gě,赞许)	氦、蚝、狠	衄(nǜ,鼻子出血)	

续表

五行属性	金	木	水	火	土
字	讱(rèn,出言谨慎)	躬、拱、股	旄(máo)、邗(hán)	哦、晒、晌	
	轫(rèn,刹住车轮的木头)	玽(gǒu,美石)	盇(hé,为何、何故)	恁(nèn,那么、怎么)	
	衽(rèn,衣襟)	骨、挂、桄	哼、活、浃	朊(ruǎn,蛋白质旧称)	
	狨、辱、弱	株、罟(gǔ,鱼网)	恚(huì,仇恨、愤怒)	偌(ruò)、蚋(ruì)	
	闪、讪、扇	鬼、核、桁	洎(jì,到、及)	彖(tuàn)、趿(tā)	
	剡(yǎn,锐利)	讧、唧、屐	津、酒、洌	讨、套、疼	
	哨、娠、十	笏(hù,古时君臣上朝用的板子)	邙、们、洣	屉、倜、恬	
	眚(shěng,眼睛生翳)	笄(jī,簪子,女子成年)	敉(mǐ,安抚、安定)	挑、条、挺	
	狩、衰、拴	脊、痂、豇	候、眠、秣	徒、挖、挞	
	祟、隼、唆	臬、芰(jì,同"菱")	眄(miàn,斜眼看)	庹(tuǒ,长度单位)	
	恸、剜、紊	恝(jiá,无动于衷)	娉(pīng)、毪(mú)	倭、畜、秧	
	唏、掀、殉	狡、拮、桀	亩、纽、旁	娭(xī,同"嬉",玩乐、嬉戏)	
	脩(xiū,同"修")	讦(jié,揭短)	俳(pái,杂戏、滑稽戏)	烜(xuǎn,盛大、显赫)	
	栽、窄、邛	芥、柩、相	倗(péng,同"朋",委托、辅助)	烊、窈、舀	
	玹(xuán,美石)	衿(jīn,衣服的带子)	疲、蚍、洴	朕、肢、秩	
	痃(xuán,淋巴肿胀的症状)	肼(jǐng,有机化合物)	玶(píng,一种玉名)	晊(zhì,盛、大)	
	吨、疹	弪(jìng,弧度旧称)	洧(wěi)、哱(bō)	舯(zhōng,船体长度的中点)	
	痄(zhà)、哳(zhā)	疽、倨、倦	凄、讫、洒	衷、冢、恣	
	纾(shū)、畛(zhěn)	桊(juàn,牛鼻环儿)	杀、纱、洼	罜(zhǔ,小渔网)	
		拷、栲、疴	蚊、洗、胁		

续表

五行属性	金	木	水	火	土
字		倥(kōng,蒙昧;kǒng,急迫)	绁、洩、屑		
		恐、哭、框	恤、洲、洙		
		芤(kōu,古书上指葱;芤脉,中医脉象之一)	洫(xù,田间水道)		
		栳、栝(kuò)	恂(xún,相信、恐惧)		
		匿、耙、栖	洵(xún,诚然、实在)		
		臬(niè,古代测日影标杆)	洇(yīn,墨水透纸)		
		芘(pí,古书上指锦葵)	拶(zā,逼迫;zǎn,压紧)		
		耆(qí,花甲老人)	浊、冥		
		芡、衾、岂			
		袪(qū)、肷(qiǎn)			
		拳、缺、秫			
		芟(shān,割草、删除)			
		桃、桐、砼			
		桅、哮、校			
		圄(yǔ)、芴(wù)			
		芯、桠、芽			

十一画 (593字)

五行属性	金	木	水	火	土
姓	常、商、邢	康、国、区	浦、海、涂	章、戚、鹿	尉、张、闫
	曹、巢、盛	寇、崔、苟	苗、麻、麦	那、娄	眭(guì,目光深注;suī,姓)

续表

五行属性	金	木	水	火	土
姓	宿、从、终	茅、庾、苑	习、毕、扈		
	啜(chuài，"啜喇"为复姓)	苻(fú)、笪(dá)	雪、邠(bīn)		
		符、梅、许	鱼		
		英			
		圈(用作姓，读 juàn)			
字	徙、蛀、袖	寄、健、偕	浮、斌、捌	敕、凑、带	伟、移、婉
	绅、绍、细	御、梧、启	败、望、敏	振、仑、哲	庸、寅、唯
	得、船、做	坚、术、近	凰、密、彪	动、翎、梨	野、异、崩
	处、紫、雕	皎、规、教	浣、绊、曼	眦(zì，眼角)	迎、岗
	晨、祥、馗	棁(zhuō，梁上短柱)	彗(huì)、悖	顶、袋、笛	埠(bù)、畦(qí)
	崇、着、组	笨、舸、研	胞、毫、访	聆、羚、将	琊(yá)、崞(guō)
	旋、爽、珠	竟、苞、笛	被、邦、浜	犁、略、烽	崤(xiáo)、翌(yì)
	胝(zhī，手足之茧)	彬、趁、梵	涔(cén)、瓠(hù)	聃(dān，耳朵长而大)	娅、挨、庵
	参、专、彩	梏(gù)、珓(jiào)	匐、酣、珩	焊、勒、聊	唵(ǎn，佛教咒语用字)
	钏、唱、问	桴(fú，竹筏、木筏)	偝(bèi)、旆(pèi)	珞、您、悌	埯(ǎn，点种的小坑)
	寂、产、羞	茌(chí)、堇(jīn/jǐn)	涓、浚、涅	烃(tīng)、晞(xī)	硅、焉、基
	设、责、雀	苤(piě)、婧(jìng)	涉、浠	执、啖、蛋	埭(dài，堵水土坝)
	舂(chōng)、豉(chǐ)	笠、苓、茉	虚、涌、珈	蛃(bǐng)、欸(ǎi)	岽(dōng，地名)
	舷(xián)	茬、棄、苕	悔、蚶、狈	晡(bū，申时)	硐、堆、崮
	副、族、孰	旎(nǐ)、朐(qú)	豝(bā，母猪、干肉)	眵(chī，眼屎)	硌(luò，山上大石)
	庶、悉、着	啬、崧、悟	胈(bá，肌肉、细毛)	绐(dài，倦怠、缓慢)	崛、崆、崃
	讼、琤(chēng)	笞(chī)、翊(yì)	偪(bī，同"逼")	盗、舵、晗	硭、埝、鸟

续表

五行属性	金	木	水	火	土
字	偲(sī,相互勉励)	梓、桶、苯	逼、闭、婢	羝(dī,公羊)	培、堋、崎
	侧、钗、娼	茇(bá,草木的根)	狴(bì,传说中的兽名)	啶(dìng,化学名词)	埤(pí,增加、补益)
	匙(chí)、徜(cháng)	敢、苾(bì,芳香)	庳(bì,低矮之处)	敚(duó,同“夺”)	牵、堂、窕
	趻(chěn,跳跃)	梐(bì,牢笼木架)	敝、贬、匾	阸(ài,同“隘”)	埽(sào,堵水用物)
	偁(chēng,同“称”)	彬、茁、婕	浡(bó,旺盛的样子)	珥(ěr,珠玉耳环)	眺、帷、捂
	瓻(chī,陶制酒器)	梣(chén,白蜡树)	舶、捕、唇	焓(hán,热能单位)	迕(wǔ,相遇)
	钕(nǚ)、紬(chōu)	兜、轭、梗	讹、返、贩	斛、狷、诀	牾(wǔ,不顺、逆反)
	偢(chǒu,同“瞅”,顾视、理睬)	茀(fú,草木茂盛)	啡、酚、浴	觖(jué,不满、抱怨)	硒、崖、哑
	绌(chù,不足、不够)	苷(gān,甘草)	唪(fěng,大声吟诵)	翋(là,飞翔的样子)	硎(xíng,磨刀石)
	玼(cī,玉上的疵点)	珙(gǒng,玉璧)	麸、妇、够	徕(lài,慰劳)	勖(xù,勉励)
	瓷、粗、啐	笱(gǒu,捕鱼竹笼)	邪、绂(fú,丝绳)	狼、狸、猁	讶、迓、偃
	挫、钓、钒	蛄、蛊、悍	绋(fú,殡葬用绳索)	瑮(lì,贝壳装饰品)	痍(yí)、崦(yān)
	祭、剪、旌	偈(jì,佛经唱词)	艴(fú,生气的样子)	唳、粒、羚	痒、翌、[illegible]
	勘、率、捏	牿(gù,养牛马的圈)	涵(hán,同“涵”)	蛉、卤、囵	埸(yì,边境、疆界)
	跐、珮、阡	胍(guā,化学名词)	浩、盒、痕	捋、软、晟	茔(yíng)、狺(yín)
	钎、氢、蚺	匦(guǐ,小盒子)	蚵(kē,屎壳郎)	胬(nǔ,一种眼病)	悠、蚰、蚴
	圊(qīng,厕所)	捍、笳、袈	唿、唬、患	胎、酞、贪	蛭、狳(yú)
	悫(què,诚实、谨慎)	枧(jiǎn)、戛(jiá)	浞(zhuó,沾湿、浸渍)	祖、啕、甜	域、欲、峥
	唼(shà,水鸟或鱼吃食的声音)	蛱(jiá,小蝴蝶)	晦、婚、货	粜(tiào,卖粮食)	埴(zhí,黏土)
	啥、钐、捎	胛、假、秸	洚(jiàng,大水泛滥)	珧(yáo,装饰品)	

续表

五行属性	金	木	水	火	土
字	奢、蛇、赦	趼(jiǎn,同“茧”)	浸、泾、浪	停、豚、唾	
	胂(shèn,化学名词)	救、苣、捐	匏(páo)、邟(kàng)	珽(tǐng,玉笏)	
	售、唰、族	苴(jū,浮草、枯草)	流、脉、衺	娲、袜、烷	
	悚(sǒng,害怕、恐惧)	眷、苛、氪	眯、觅、眸	挽、焐、烯	
	狻(suān,传说中的一种猛兽)	桷(jué,方形椽子)	徘、胖、袍	晞(xī,干燥、破晓)	
	捅、偷、钍	捃(jùn,拾取、摘取)	胚、烹、啤	珣(xún,玉名)	
	欷(xī,抽泣,同“唏”)	胩(kǎ,有机化合物的一类)	偏、票、贫	斩、帐、侦	
	觋(xí,男巫师)	啃、苦、眶	殍(piǎo,饿死之人)	啁(zhōu,鸟鸣声)	
	胙(zuò,祭祀用的肉)	梡(kuǎn,案板)	婆、涩、涕	痔、窒、捉	
	斜、衅、酗	悝(kuī,嘲笑、诙谐)	涑(sù)、粕(pò)	舳(zhú,船尾)	
	偰(xiè,同“契”)	盔、捆、娄	挲(suō,抚摸)	啄、偬(zǒng)	
	邤(xīn,邻近)	悃(kǔn,诚实、至诚)	涒(tūn,“申”的别称)	赧(nǎn,羞惭而脸红)	
	䜣(xīn,同“欣”)	啉(lán,饮酒一巡)	偎、涎、消	祧(tiāo,继承、传承)	
	悦、扎、蚱	茆(máo,同“茅”)	挟(xié)、浯(wú)		
	舴(zé,小船)	茂、苜、偶	斐(fēi,往来不停的样子)		
	砦(zhài,同“寨”)	唷、苠(mín,庄稼生长期较长,成熟期较晚)	婞(xìng,倔强、刚直)		
	粘、栀	菅、乾、悄	詾(xiōng,同“讻”)		
	胗(zhēn,禽鸟的胃)	茄、顷、筇	珢(yín,似玉的美石)		
		蚯、蛆、娶	雩(yú,求雨的祭祀)		
		悛(quān,悔改)			
		减、痊、若			

续表

五行属性	金	木	水	火	土
字		苒(rǎn,草木茂盛的样子)			
		苫(shān,草垫子)			
		梢、笙、梳			
		倏(shū,极快地)			
		術、苔、梯			
		笥(sì,方形竹器)			
		笤、晤、狭			
		偓(wò)、扊(yǎn)			
		厢、枭、偕			
		械、眼、挹			
		珝(xǔ,玉名)			
		悒(yì,忧愁、不安)			
		茚(yìn,化学名词)			
		圉(yǔ,边陲、防御)			
		笮(zé,压榨、竹器)			
		苎、梓			

十二画 (647字)

五行属性	金	木	水	火	土
姓	斯、草、喻	景、乔、强	惠、云、富	屠、程、智	黑、黄、费
	舒、曾、钮	覃、嵇、祁	项、贺、普	郜、梁、焦	堾(chūn,用石头或土垒的田界)
	邵、须、辜	邱、茹、阮	冯、闵、彭	劳	堪、越
	钦、粟、童	荀、敬*	傅、荆、买	单(shàn,姓)	

续表

五行属性	金	木	水	火	土
	舄(xì)、傒(xī)	假(jiǎ)	邴(bǐng)		
姓	迮(zé,逼迫)	诎(qū,折服、嘴笨)	贲(bēn/bì)		
	斜(dǒu)、堵	琴	傌(mà,也是刑罚名)		
	羡、词、诏	棋、极、荃	泳、跋、猛	掰、焙、掣	为、翔、硝
	胜、创、掌	椎、兹、棕	淳、娟、发	傣、场、理	喹、惟、画
	钯、竣	开、皓、雁	弼、喜、报	贷、氮、悼	壹、贻、勋
	尊、象、视	间、蛟、荔	备、闲、雄	婷、登、晴	岚、嵋、啪
	裕、超、然	杰、荒、贵	寒、媒、番	晶、诋、焰	捱(ái)、诒(yí)
	众、舜、任	凯、雅、贯	斐、晚、博	巽、寻、媛	迤、胰、粤
	善、顺、朝	给、结、幾	评、攲(qī,倾斜)	邸、掂、惦	堍(tù,桥头之地)
	惜、情、绝	裉(kèn,衣服接缝)	复、贸、琶	跌、喋、耋	砚、胺、傲
	丝、钣、诉	寓、硬、期	无、绑、傍	痘、掇、焚	媕(ān,敷衍逢迎)
	蛛、贮、诅	•第、欺、闳	淙(cóng)、赑(bì)	短、钬、接	啽(ān,闭口;án,说梦话)
	贰、铈、散	集、绛、轲	涪、袱、涵	就、采、迪	晻(àn,昏暗不明)
字	絷(zhí,缰绳、拘捕)	棣(dì)、啾(jiū)	淮、悲、啵	焯(chāo/zhuō)	媪(ǎo,古代妇女的通称)
	韧、述、晰	络、棱、棉	媚、淼、排	敦、琅、惕	奥、奡(ào,同"傲")
	婿、絮、绚	袼(gē)、耜(sì)	阪、淘、渊	厥、量、吭	堡、堤、奠
	轵、钧、裁	茼、稀、厦	雯、澌、冕	嗟、闰、循	堛(bì,土块)
	钛、残、伧	尧、茵、植	皕(bì)、淯(yù)	轶、诊、蛰	嵖(chá,嵯峨、高峻)
	抻(chēn)、桫(suō)	徧(biàn,同"遍")	渠、渃(ruò)	捭(bǎi,两手左右击打)	砗(chē,软体动物)
	趄、厕、孱	棒、笔、草	浼(měi,污染、央求)	珵(chéng,美玉、佩玉)	堞(dié,齿状矮墙)
	嗏(chā,语气词)	浙、策、茶	湴(bàn,烂泥;pán,淌水)	嗒(tà,懊丧的样子)	猗(yī,赞美之词)
	觇(chān,察看)	枨(chéng,触动)	棓(bàng/pǒu/bèi/bēi)	睇(dì,斜眼观看)	堠(hòu,瞭敌土堡)

续表

五行属性	金	木	水	火	土
字	猖、敞、怅	茺(chōng,益母草)	邶(bèi,周代诸侯国名)	惇(dūn,敦厚、尊重)	塄、埝、蛙
	惝(chǎng,失意)	楮(chǔ,纸的代称)	絣(bēng,绳子、继续)	焜(kūn)、捺(nà)	崴、围、帏
	钞、惆、喘	荈(chuǎn,粗茶叶)	诐(bì,偏颇、邪僻)	啦、喇、喱	喂、婺、堰
	撑(chēng,同“撑”)	棰(chuí,短木棍)	跛(bǒ)、邲(bì)	稂(láng,田间杂草)	硪(wò,打夯工具)
	胵(chī,鸟类的胃)	茈(zǐ,即紫草)	猋(biāo,狗奔跑的样子)	傈、痢、詈	痦(wù,身体上的痣)
	啻(chì,不止、不只)	茨(cí,茅草盖屋)	钚、淬、淡	晾、裂、趔	翕(xī,聚合、和顺)
	窗、捶、猝	答、等、迭	瓿(bù,小瓮)	捩(liè,扭转)	恶、硖(xiá,同“峡”)
	酢(zuò,敬酒应酬)	栋、筏、茯	饭、防、幅	琌(líng,同“陵”)	崵(yáng/dàng)
	悴、痤、矬	棼(fén,纷乱、麻布)	稃(fū,谷壳、粗糠)	琉、硫、虏	掖、崾(yǎo)
	毳(cuì,汗毛)	槛、胳、轱	跗(fū,脚背、脚面)	脔(luán,小块的肉)	揶(yé,耍笑、嘲弄)
	皴(cūn,皮肤开裂)	酤(gū)、茛(gèn)	淦、蛤、邯	掠、抡、喃	
	嵯(cuó,山势高峻)	觚(gū,青铜器名)	涫(guàn,沸滚)	婻(nàn,美好、稍肥)	
	措、貂、掉	诂(gǔ,解释文字)	胲(hǎi,化学名词)	捻、跆、毯	
	钭(dǒu,酌酒器)	雇、棺、胱	顸(hān,粗大)	探、掏、啼	
	钝、钫、钙	晷(guǐ,测时器具)	喊、喝、惚	腆、迢、贴	
	琈(fú,一种玉)	荩(jìn)、猓(guō)	琀(hán,死者含的珠玉)	掭(tiàn,理顺、拨动)	
	割、钩、准	聒(guō,噪音嘈杂)	绗(háng,缝制衣服)	蜓、痛、饨	
	戟、剀、钠	棍、椁、喉	淏(hào,水清澈)	跎、酡、惋	
	甯、禽	茴、棘、幾	涸(hé)、诃(hē)	焱(yàn)、惘(wǎng)	
	掊(pǒu,剖开;póu,扒土)	戢(jí,收藏、停止)	訸(hé,同“和”)	喔、窝、幄	
	裒(póu,收集、聚集)	款、殛(jí,杀死)	唤、徨、蛔	欻(xū,忽然、迅速)	
	钤(qián,印章)	掎(jǐ,拖住、牵引)	混、惑、涞	蛘(yáng,米中小虫)	

续表

五行属性	金	木	水	火	土
字	氰、绒、伞	悖、迦、犍	耠(huō，翻土工具)	轺(yáo，轻便马车)	
	丧、扫、嫂	袷(jié，交叠的衣领)	凉(liáng，同“凉”)	轸(zhěn，引申为伤痛)	
	痧、跚、稍	跏(jiā，打坐方式)	淋、沦、帽	证、痣、轴	
	猞、畲、胥	荐、茭、椒	淩(líng，奔驰、急行)	轾(zhī，到达、如一)	
	甥、剩、授	窖、街、筋	渌(lù，水清)	彘(zhì，猪的别称)	
	瘦、疏、嗖	喈(jiē，声音和谐)	蛑(móu，同“蟊”)	粢(zī，泛指谷物)	
	竦(sǒng)、黍(shǔ)	惊、阱、痉	寐、扪、闷	迨(dài，达到、趁机)	
	税、酥、替	窘、厩、掬	脒(mǐ，化学名词)		
	飧(sūn，晚饭、熟食)	喀、钪、棵	幂、描、淖		
	睃(suō，斜眼看)	椐(jū，古书上说的一种小树)	黾(mǐn，努力、勉励)		
	推、犀、胸	莒(jǔ，芋头的别称)	牌、跑、捧		
	粞(xī，碎米)	讵(jù，岂能、怎么)	邳、痞、迫		
	舾(xī，船舶装备)	惧、距、掘	胼(pián，手脚老茧)		
	饩(xì，馈赠食物)	犋(jù，畜力单位)	淇、浅、清		
	琇(xiù，一种像玉的石头)	珺(jùn，美玉)	粥、涿、淄		
	喧、钥、咱	闶(kàng，高大)	脎(sà，化学名词)		
	凿、枣、喳	控、筐、傀	深、淑、涮		
	诈、挣、狰	贶(kuàng，馈赠)	淞、淌、添		
	帧、脂、殖	椋(liáng)、喟(kuì)	淟(tiǎn，污浊、怯懦)		
		蛞(kuò，蜒蚰，俗称鼻涕虫)	涴(wò，污，弄脏)		
		椑(bēi)、荬(mǎi)	涡、现、淆		
		荦(luò，突出、明显)	涬(xìng，道家之气)		

续表

五行属性	金	木	水	火	土
字		茗、猊、棚	徇、涯、淹		
		楼、掐、掮	液、淫、淤		
		茜、嵌、羟			
		球、蛐、茸			
		荇(xìng)、荃(quán)			
		荏(rěn，柔、软弱)			
		森、筛、棠			
		瑅(tí，一种玉)			
		统、筒、椭			
		皖、掩、椅			
		筅(xiǎn，炊帚)			
		悻(xìng，怨恨、恼怒)			
		琄(xuàn，佩玉貌)			
		傜(yáo，同“徭”)			
		荑(yí，割除野草)			
		毽、最、哟(yō)			
		驭、栈、茱			
		饫(yù，家庭私宴)			
		棹(zhào，划船工具)			
		迥(jiǒng，远)			

*：“敬”的草字头按照“艹”计算，故为十二画。

十三画（589字）

五行属性	金	木	水	火	土
姓	莊、楚、甄	经、筱、解	丰、游、贾	虞、农、路	恽、温、雍
	歂(chuán)	靳、郎、廉	莫、雷、裘	詹、督、禄	爱
	崩(pēng)	杨、敫(jiǎo)	郃(hé)、僙(hàn)	郅、訾	
	郄(xī,亦同"隙"解)	睢(suī,姓)	湳(nǎn)、轷(hū)	逄(páng)	
		莘	汤、郇(huán/ xún)		
		莞(guān,姓)	郁、郱(píng)		
字	蚬、捷、诗	群、勤、预	靶、颁、斑	零、煲、睦	榔、矮、韵
	新、轼、蜀	桢、莉、莅	进、挥、晖	煜(yù,照耀、明亮)	意、蜈、园
	傶(còu,同"腠")	义、业、筠	哔、湮、援	塔、殿、煸	佣、阿、耶
	靖、绣、债	榀(pǐn,测房的量词)	滋、渭、会	鼎、琢	话、烟、碑
	催、揍、阻	琪、琨、郊	盟、熙、较	驰、传	琬、嵊(shèng)
	试、煊、驯	颂、愚、茕	煮、微、辟	提、炼、追	嵩、塘、诩
	想、琛、肆	倾、感、楷	禀、渤、沨	煳、照、当	诣、犹、圆
	嗣、猩、粲	愕、枫	涣、豢、惶	顿、焕、里	痖、暗、嗷
	琮(cóng,祭祀玉器)	笕(jiǎn)、楫(jí)	浑、粱、湄	稗(bài)、猱(náo)	嗌(yì,咽喉)
	铅、钴	脚、禁、仅	愍(mǐn)、渼(měi)	媸(chī,相貌丑陋)	揞(ǎn,用手掩盖)
	裟、暑、鼠	佥(qiān)、楝(liàn)	湃、聘、绥	暖、陀、煊	嶅(áo,山高多石)
	钰(yù)、琸(zhuó)	槎(chá,木筏)	颃(háng)、湋(wéi)	雉(zhì)、赀(zī)	坞、廒(áo,粮仓)
	邾(zhū)、歆(xīn)	诠、辁、竖	渝、湛、渚	觜(zī,星宿之一)	碚、碘、碉
	煦、暄、铀	莩(fú)、苋(xiàn)	脬(pāo)、浈(zhēn)	煌、炜、嗤	碇(dìng,系船石墩)
	询、愉、裕	御、葶、搽	琫(běng,刀鞘装饰)	瑊(jiān,美石)	碰、碓(duì)
	愈、载、资	嗄(shà,声音嘶哑)	揙(biǎn,击打、搏击)	阽(diàn,临近边缘)	痱、块、袅
	诚、铋、钵	琦、筴(cè,同"策")	茫、雹、陂	置、煏(bì,烘干)	觟(huà,有角母羊)

续表

五行属性	金	木	水	火	土
字	阼(zuò，台阶、帝位)	祺、廓、猹	斒(bān，同“斑”)	裎(chéng，脱衣露体)	嵴(jí，山脊)
	钹(bó，礼乐器)	茝(chǎi，一种香草)	棓(bàng，一种农具)	搭、罩、砀	跬(kuǐ，半步、眼前)
	铂、踩、恻	椿、椴、蛾	琲(bèi，成串珠子)	亶(dǎn，实在、诚信)	硼、圣、塑
	插、诧、愁	莪(é)、楱(còu)	愊(bì，郁闷、诚恳)	嗲、电、躲	碎、塌、填
	琩(chāng，玉饰件)	戥(děng，小型的秤)	愎、痹、摒	揲(shé，用蓍草占卜)	碗、嵬、猥
	嗔(chēn，生气、怪罪)	该、概、幹	惼(biǎn，心胸狭窄)	牒(dié，文书、证件)	琟(wéi，似玉美石)
	脭(chéng，精肉)	賅(gāi，完备、完整)	脖、补、测	煅、惰	瘘、艉、猬
	絺(chī，细葛布、刺绣)	戤(gài，抵押、依赖)	滁、渡、蜂	跺、烦、幌	嗡、握、呜
	饬(chì，整顿、谨慎)	茛(làng)、筻(gàng)	脯、溉、港	靼(dá)、觥(gōng)	塝(bàng，田间土坡)
	傺(chì，留住、落脚)	嗝、跟、痼	湍、嗥、号	诙、迹、煎	
	稠、酬、蜍	塥(gé，沙地)	貉、湖、猢	睐、酪、愣	
	琡(chù，八寸玉璋)	绠(gěng，汲水用的绳子)	粳(jīng)、郈(hòu)	诔(lěi，表示哀悼)	
	揣、瘁、搓	诟(gòu，辱骂、耻辱)	琥、换、湟	儽(lěi，捆缚、颓丧)	
	跐(cǐ，踩踏；cī，滑动)	彀(gòu，用力张弓)	贿、喙、毁	蜊、赁、偻	
	脞(cuǒ，小、琐细)	诖(guà，失误、欺骗)	湔(jiān，洗濯、昭雪)	旒(liú，装饰品)	
	钿(diàn，珠宝镶嵌)	琯(guǎn，玉笛)	茳(jiāng，席草)	赂、乱、煤	
	钾、劁、钜	诡、跪、猴	湫(jiǎo，低洼)	辂(lù，车辕横木)	
	钶、铃、铆	逅、畸、嫉	鸠、渴、妈	琭(lù，玉的光泽)	
	钼、铌、刨	麂、荚、嫁	吗、迷、渺	揇(nǎn，握持、挑惹)	
	铍、钷、钳	拣、揭、睫	猸(méi，即鼬獾)	恼、痰、逃	
	蜣(qiāng，屎壳郎)	诘(jié，追问、谴责)	貊(mò)	稔(rěn，庄稼成熟)	
	歃(shà)、惬(qiè)	茎、睛、揪	湣(mǐn，昏乱的样子)	绨、跳、艇	

续表

五行属性	金	木	水	火	土
字	嗪(qín,化学名词)	胫(jìng,小腿骨)	酪、琵、媲	退、蜕、脱	
	揉、塞、搔	舅、绢、揩	脲(niào,化学名词)	驮、顽、煨	
	琗(cuì,珠宝光彩)	琚(jū,玉佩)	湓(pén,漫溢)	脘(wǎn,胃的内部)	
	煞、伤、艄	慨、戡、稞	倗(péng,同“朋”)	畹(wǎn,古代称三十亩地为一畹)	
	蛸、狮、势	莰(kǎn,化学名词)	睥、剽、瓶	蜗、煙、扬	
	诜(shēn,众多)	窠(kē,鸟兽巢穴)	犏(piān,一种牦牛)	琰(yǎn,美玉)	
	蜃(shèn,蛤蜊)	嗑、窟、夸	惹、湘、溆	炀、徭、盏	
	钽(tǎn)、邿(shī)	筘(kòu,织布机零件)	琠(tiǎn,一种玉)	旸(yáng,太阳升起)	
	毹(shū,毛织地毯)	诓、揆、楞	渥(wò,沾湿、浓厚)	趑(zī,行走困难)	
	睡、送、搜	暌(kuí,同“睽”)	渫(xiè,除污、疏通)	惴(zhuì,忧愁、恐惧)	
	嗍(suō,吮吸)	髡(kūn,剃发的刑罚)	渲、渣、滞		
	嗦、唢、铊	愆(qiān,过失、耽误)			
	羧(suō,化学名词)	琳、莽、莓			
	酮、媳、嫌	楣、娩、募	溁(yīng)		
	剸(tuán,割断;zhuān,专擅)	楠、逆、莆	溲(sōu,小便)		
	酰(xiān,化学名词)	睨(nì,斜着眼看)			
	绡(xiāo,生丝)	瘐(yǔ,死于监狱内)			
	跣(xiǎn,光脚)	颀(qí,身材修长)			
	貅、绣、嗅	呛、楸、裙			
	揎(xuān,捋袖露臂)	愀(qiǎo,悲伤、严肃)			
	铉(xuàn,举鼎工具)	嗓、椹、筮			
	铕、揄、铖	筲(shāo)、荽(suī)			

续表

五行属性	金	木	水	火	土
字	伛(yǔ,驼背)	莛(tíng,植物的茎)			
	悭、诛、装	荼、孳、莴			
	贼、闸、斟	斡、皙、暇			
	揸(zhā,用手撮物)	珷(wǔ,像玉的美石)			
	钲(zhēng,乐器)	楔、歇、楦			
	睁、肃、酯	靴、筵、肄			
	黹(zhǐ,缝纫、刺绣)	榘(jǔ)、傿(yān)			
	瘃(zhú,冻疮、冻干)	罨(yǎn,覆盖、掩盖)			
		楹、莜、蓁			
		榆、楂、罪			
		椽、鼓			

十四画（579字）

五行属性	金	木	水	火	土
姓	寿、臧、僖	赫、管、肇	溥、华、闻	宁、连、尔	翟
	郝、齐、刘	盖、部、裴	凤、郗、熊	赵、褚、通	
	韶、慎	荣、暨	福、滑	廖、雒、婼(ruò)	
	郤(xì)	郏(jiá)		种(chóng或zhǒng,姓)	
				嫘(léi,黄帝之妻)	
字	慈、造、蜻	苌(cháng)、绮(qǐ)	逢、粱、搬	绿、祯	维、玮、与
	速、认、诵	诰、语、敲	饱、源、绷	熬、逞、端	獒、准、塾
	铱、铜	蒌、槐、侨	漠、仆、嫚	图、瞅、尽	墅、误、瑕
	精、聚、饰	兢、旗、歌	豪、鸣、宾	彰、尘、畅	鸢(yuān)、顼(xū)

续表

五行属性	金	木	水	火	土
字	翠、粹、瑜	嘉、砀(dàng)	荥(xíng)、郚(wú)	领、对、熄	踊、诞、墉
	腙(zōng，化学名词)	槈(nòu)、箕(jī)	貌、蜜、陌	团、裳、奖	崭、嶂、碱
	说、铝、像	菜、菖、菲	瑚、汇、舞	绰、寥、绫	碥(biǎn，急流险石)
	瑄、署、察	纲、构、菡	沧、滇、辅	瘩、熔、台	碴(chá，小碎块)
	需、制、嫦	陔(gāi)、綦(qí)	郛(fú)、罴(pí)	绾(wǎn，盘绕打结)	墋(chěn，沙土、混浊)
	铖(chéng)、帻(zé)	莸(yóu)、蜷(quán)	诲、珲、瑁	叹、鞅、捣	碲(dì，化学元素)
	瑞、睿、搡	瑟、逑、箫	绵、溟、滂	幛、缁、辄	垫、碟、闺
	僧、绶	戬(jiǎn)、郢(yǐng)	滏(fǔ)、溱(qín，地名；zhēn，水名)	讷(nè)、逐	砜(fēng，化学名词)
	愫、途、银	菹(zū，酸菜、腌菜)	溯、饲、滔	婥(chuò，柔美、柔弱)	监、境、逵
	损、铣、衔	榕、赶、榨	网、荥、熏	蜇、嘀、嫡	碣(jié，圆顶石碑)
	铑、线、综	箅(bì，蒸煮器具)	窨(yìn，地下室)	递、腚、逗	壶、呕、堑
	限、逍、铵	榱(cuī，椽子)	溢、滓、摸	胨(dòng，化学名词)	嵝(lǒu，山顶)
	僔(zǔn，聚集、谦逊)	萁、荻、睽	鼻、嘣、祯	豆阝(dòu)、缍(duǒ)	墁(màn，铺饰、涂抹)
	僮(tóng/zhuàng)	筢(pá，搂柴草的竹制器具)	币、溪、喵	裰(duō，便服、缝补)	岖、墒、硕
	銎(qióng，斧子上安柄的孔)	轻、莎、榜	幖(biāo，同“标”，标志)	夺、裹、夥	碳、诬、嘘
	綵(cǎi，同“彩”)	萆(bì，同“蓖”)	飑(biāo，风骤貌)	恺(kǎi，快乐、平和)	寤(wù，睡醒)
	嘈、称、绸	菶(běng，草木茂盛)	蝂(bǎn，一种小虫)	瘌、辣、喽	夤(yín，深、敬畏)
	瘥(chài，病愈)	魁、尝、篪	滗(bì，把液体倒出)	罱(lǎn，捕捞工具)	墟、腌、腋
	僝(chán，忧愁、排遣)	萃、凳、摁	碧、裱、驳	嫪(lào，爱惜、留恋)	碹(xuàn，拱形建筑)
	玚(chàng，一种玉圭)	萏(dàn，菡萏、荷花)	馝(bì，香气浓烈)	酹(lèi，洒酒起誓)	嫣(yān，笑容美好)
	綝(chēn，终止)	妪、睾、膏	稨(biān，扁豆)	嘞(lei)、绺(liǔ)	瑛、祎(yī，美好)

续表

五行属性	金	木	水	火	土
字	铳(chòng)、郕(chéng)	榧、菔、嘎	搏、涤、绯	缀、嫠(lí,寡妇)	旖(yǐ,柔和、美丽)
	酲(chéng,醉后糊涂)	搞、槁、菅	僰(bó,古称少数民族之一)	奁(lián,女用镜盒)	磁
	搊(chōu,弹拨、束紧)	搿(gé,两手合抱)	逋(bū,逃亡、拖延)	踉、僚、熘	
	裯(chóu,床单)	箇(gè,同"个")	滀(chù,积聚、湍急)	粼(lín,清澈明净)	
	殠(chòu,同"臭")	箣(cè,一种竹子)	蜚、翡、疯	陋、纶、裸	
	搐、雌、铦	菇、菰、箍	腓(féi,腿肚子)	瑙、嫩、喏	
	搋(chuāi,压、揉)	褂、逛、帼	偾(fèn,败坏、僵死)	搦、炝、煽	
	僢(chuǎn,同"舛",相违背)	绲(gǔn,编织的带子)	孵、腑、飒	态、搪、舔	
	怆(chuàng)、铢(zhū)	蜾(guǒ,寄生蜂的一种)	腐、阁、沟	耥(tǎng,除草、松土的农具)	
	铞(diào,门窗挂钩)	瘊、筝	嘏(gǔ,祝福)	慆(tāo,喜悦、怠惰)	
	睹、铒、罚	萑(huán,芦苇类植物)	寡、滚、嗨	慝(tè,奸邪、灾害)	
	阈、铬、铪	瘕(jiǎ)、笺(jiān)	滈(hào,久雨)	逖(tì,远离)	
	划、铰、铸	跽(jì,长跪在地)	阂、瘊、魂	裼(tì,婴儿包被)	
	劂(jué,雕刻刀具)	搛(jiān,用筷夹)	滉(huàng,波动)	蜩(tiáo,蝉)	
	闾(lú,泛指门户)	榭、降、侥	溷(hùn,肮脏、混浊)	透、蜿、腕	
	铭、腔、抢	僭(jiàn,超越本分)	祸、溧、溜	诶(xī,语气词)	
	綮(qǐ/qìng)	僬(jiāo,矮人)	溘(kè,忽然、突然)	疡、摇、荧	
	慊(qiàn,不满、怨恨)	饺、酵、截	犸、唛、嘛	毓(yù,养育、培育)	
	戗(qiàng,镶嵌;qiāng,冲突)	竭、诫、紧	幔、髦、酶	搌(zhǎn,轻轻擦抹)	
	劁(qiāo,阉割)	骱(jiè,骨节相接处)	瞀(mào,目眩、愚昧)	绽、胀、这	
	寝、锄、瘙	廑(jǐn,小屋)	麽、蜢、瞄	嫜(zhāng,丈夫的父亲)	
	铨(quán,衡量、权衡)	菁(jīng,韭菜花)	艋(měng,小船)	肇(zhào,同"肇")	

续表

五行属性	金	木	水	火	土
字	逡(qūn,退让、往复)	腈(jīng,化学名词)	嘧(mì,化学名词)	歷(lì,经过、完全)	
	铯、赊、嗽	愿、迳、菊	灭、闽、嫫		
	绱(shàng,缝制鞋)	僦(jiù,租赁)	瞑(míng,日落、黄昏)		
	酾(shī 又 shāi,斟酒、滤酒)	裾(jū,衣服前后襟)	寞、溺、脾		
	骰(tóu)、殊(shū)	皲(jūn,皮肤开裂)	搒(péng,敛藏、击打)		
	搠(shuò,扎、刺)	菌、郡、犒	蜱(pí,一种壁虱)		
	嗾(sǒu,教唆)	筌、酷、筷	嘌(piāo,疾速)		
	瞍(sǒu,瞎眼)	匮、愧、莱	嫖、蜞、溶		
	傈、酸、狲	萎、榴、萌	溽(rù,湿热、味浓厚)		
	觫(sù,恐惧颤抖)	杩(mà,床前横木)	瘟、携、溴		
	蜥、铟、啧	墓、幕、菩	溻(tā,出汗把衣物、被褥等弄湿)		
	铫(diào,煮食器具)	萘(nài,化学名词)	溏(táng,未凝固样)		
	酴(tú,酒曲、酒母)	箄(pái,大筏子)			
	屣(xǐ,鞋)	嘁(qī)、桤(qī)			
	禊(xì,一种祭祀)	萋、歉、枪			
	睻(xuān,大眼睛)	搴(qiān,拔取)			
	腴(yú,肥胖、丰裕)	菘(sōng,白菜)			
	窬(yú,爬墙、中空)	诮(qiào,责备、嘲讽)			
	赈、蜘、粽	箐(qìng,山间竹林)			
	碡(zhou,“碌碡”,为碾粮石磙)	赇(qiú,贿赂)			
		巯(qiú,化学名词)			
		菽(shū,豆类总称)			
		绻(quǎn,弯曲、牢固)			

续表

五行属性	金	木	水	火	土
字		榷(què,商讨、专卖)			
		箬(ruò,竹叶、笋壳)			
		槊(shuò,长矛)			
		算、榫、榻			
		蓟、菟、伪			
		萜(tiē,化学名词)			
		菀(wǎn,茂盛;yùn,郁结)			
		萸(yú)、菥(xī)			
		榍(xiè,门槛)			
		菸(yū,枯萎;yān,同"烟")			
		厌、疑、蜴			
		瘗(yì,掩埋、掩藏)			
		寨、郠(gěng)			
		箢(yuān,竹制器具)			
		瑗(yuàn,大孔玉璧)			
		榛、菑(zī,初耕的田地)			

十五画 (549字)

五行属性	金	木	水	火	土
姓	赏	郭、葛、巩	范、满、万	乐、鲁、侬	欧、卫、盘
		楼、蒯、樊	漆、祃、暴	练、董、黎	殴、养
		庆、叶、广	缑(gōu,刀剑用绳)	逯(lù,任意地行走)	
			墨	谈	
字	绪、剧、锐	葵、辈、枢	鲃、魃、罢	层、缔、德	鞍、亿、磅

续表

五行属性	金	木	水	火	土
字	锈、赐、糍	稼、俭、仪	瘢、翩、霄	齿、轮、皑	影、慰、阅
	诹(zōu，询问、商量)	驾、毅、葩	辉、慧、漫	进、涤、除	邮、豌、蝴
	节、钡、冲	宽、谊、价	沤、褒、渔	质、辍、褡	峤、磊、确
	婵、审、趣	葆、课、靠	赔、编、嬉	谅、调、论	纬、增、墚
	箭、锒、锂	驹、篇、葡	部、漩、漂	蝶、彻、缓	腤(ān，一种烹调法)
	鬌、实、蚀	赓、瑰、稷	赋、沪、麾	践、阆、搂	璈(áo，一种乐器)
	奭(shì，盛大、消散)	樠(mán)、獍(jìng)	浆、漉、漏	赕(dǎn)、郯(tán)	墺(ào，可居住之地)
	熟、驷、铤	娇、僘、槿	履、摩、喷	抟(tuán，集聚)	嶓(bō)、磙(gǔn)
	谄(chǎn)、踪	穷、耦、莹	演、漾、漳	瑶、熠、账	嶒(céng，高峻、突兀)
	诼(zhuó，造谣毁谤)	苇、缃、箴	渐、菠、箔	达、诤、趟	墀(chí，台阶)
	陟(zhì，登高、晋升)	萬(yǔ)、菝(bá)	滮(biāo，水流形状)	塍(chéng，田埂)	磋(cuō，琢磨、研讨)
	挚、幢、谆	醉、箝、骷	菏、萍、颇	僾(ài，依稀、模糊)	嶝(dèng，山间小道)
	蝓(yú，蜒蚰)	篅(chuán，粮囤)	踅(xué，折回、旋转)	熛(biāo，飞迸的火焰)	墩、废、坟
	艑(biàn，大船)	稽、标、槽	鲏(bǎn，比目鱼)	噌(cēng)、阵	嘿、糊、磕
	陧(niè，不安)	萹(biǎn)、葺(qì)	鸨、裸、辈	踟(chí，犹豫、踌躇)	蝰(kuí，一种毒蛇)
	逝、晢、锕	箧(qiè，小箱子)	褙(bèi，披风、霞帔)	憏(chì，不得志)	崂、嶙、碾
	摭(zhí，拾取、摘取)	箯(biān，竹制器具)	骳(bèi，屈曲)	惷(chōng，愚蠢、失意)	虾、豌、诿
	慚、惨、掺	郴、葱、稻	陛、蝙、醇	褚(chǔ/zhě/zhǔ)	怄(òu，逗弄、嘲笑)
	艖(chā，小船)	樗(chū，一种树木)	腷(bì，烦闷，郁闷)	踔(chuō，跳跃、超越)	嵚(qīn，高峻、奇特)
	鋋(chán，一种短矛)	枞(cōng，一种树木)	駜(bì，马匹强壮)	腠(còu，肌肉纹理)	庑(wǔ，堂下周围的走廊、廊屋)

续表

五行属性	金	木	水	火	土
字	廛(chán,民居区域)	噔、蒂、腭	髲(bì,假发)	逮、弹、敌	娴、鞋、鸦
	腥、肠、厂	葑(fēng,芜菁)	褊(biǎn,狭小、狭隘)	儋(dān)、骶(dǐ)	瓯、糈(xǔ,粮饷)
	麨(chǎo,炒的米粉或面粉)	稿、榖、掴	缏(pián,用针缝合)	踮、陡、缎	噎、逸、忧
	瞋(chēn,睁大眼瞪人)	妫(guī,舜居处之河)	麃(biāo,勇武形态)	饵、噘、唠	慵(yōng,困倦、懒散)
	漦(chí,渗流、涎沫)	荭(hóng,红蓼)	摽(biào,亲近、绑住)	摎(jiū,绞结、求取)	鱿、蝣、缘
	瘛(chì,抽风)	篌(hóu,乐器名)	饼、漕、滴	赉(lài,赐予、给予)	牖(yǒu,窗户)
	冲、厨、锄	畿、糇(hóu,干粮)	葧(bó,花蕊)	辆、嘹、寮	谀(yú,谄媚、奉承)
	摴(chū,掷骰子)	葫、蝗、叽	踣(bó,跌倒、破灭)	撂、瘤、戮	院、征
	諔(chù,奇异)	槲(hú,柞栎树)	餔(bū,申时进餐)	肿、驻、辎	磔(zhé,一种酷刑)
	嘬(chuài,咬、吃;zuō,吮吸)	篁(huáng,竹林)	浐(chǎn)、蝽(chūn)	鼐、虑、腩	余(不用作姓,繁体)
	疮(chuāng)、锇(é)	缉、瘠、价	漘(chún,临水的山崖)	脶(luó,手指纹)	
	摐(chuāng,敲击)	赍(jī,抱着、带着)	幡、诽、肤	熳(màn,同“漫”)	
	噇(chuáng,大吃大喝)	葭(jiā,初生芦苇)	鲂(fáng,鳊鱼)	蝻(nǎn,蝗虫的幼虫)	
	踳(chuǎn,违背、相背)	贱、腱、箭	幞(fú,男子头巾)	脑、闹、馁	
	醋、摧、锉	僵、桨、颉	蝠、驸、腹	辇、挪、弩	
	锋、敷、错	羯(jié,阉过的公羊)	蝮(fù)、撖(hàn)	噢、僻、热	
	刽(guì)、靓(jìng)	噍(jiào,嚼)	澉(gǎn,味淡、洗涤)	熵(shāng,热的量度)	
	刿(guì,刺伤)	阉、踞、慷	涨、震、渍	踏、躺、踢	
	铗(jiá,剑柄、火钳)	锴(kǎi,化学名词)	盥、虢、憨	骀(tái,劣马)	
	缄(jiān,书信、封口)	葬、颏(kē,下巴)	汉、颌、褐	羰(tāng,化学名词)	

续表

五行属性	金	木	水	火	土
字	剑、锍	瞌、蝌、缂	滹、浒、踝	瑭（táng，一种玉）	
	锔（jū，修补）	抠、诳、模	逭（huàn，逃避、更迭）	铽（tè）、缒（zhuì）	
	锊（lüè，计量单位）	醌（kūn，化学名词）	漶（huàn，模糊不清）	缇（tí，橘红色）	
	劈、铺、噙	阃（kǔn，城门、门槛）	凛、玛、码	髫（tiáo，引申为童年）	
	锓（qǐn，雕刻）	萩（qiū，蒿类植物）	漤（lǎn）、蝥（máo）	驼、腰、熨	
	请、腮、傻	槭（qì）、葜（qiā）	卖、慢、猫	腽（wà，肥胖）	
	糅（róu，混杂、混合）	悭（qiān，小气、欠缺）	霉、魅、缅	辋（wǎng，车轮的框）	
	毵（sān，细长披垂）	椠（qiàn，简札、书信）	缈、庙、嘭	暂、摘、獐	
	磉（sǎng，柱下石礅）	蝤（qiú，天牛幼虫）	缗（mín，串铜钱的绳）	禚（zhuó）	
	陕、殇、驶	葚（shèn，桑树果实）	瞑（míng，闭眼、昏花）	鸩（zhèn，传说中的毒鸟）	
	谂（shěn，规谏、劝告）	辊、葰（jùn，茂盛）	醅（pēi，没滤过的酒）		
	艏（shǒu，船的前部）	樘（táng，门框窗框）	陴（pí，城墙上的矮墙）		
	数、摔、谁	葶（tíng）、蔿（wěi）	饷、郫（pí，地名）		
	腧（shù，穴位名称）	葳（wēi，草木茂盛）	魄、噗、渗		
	呲、嘶、艘	妩、瞎、贤	憩（qì，休息片刻）		
	缌（sī，细麻布）	葸（xǐ，害怕、畏惧）	漱、霆、逶		
	蝮（sōu，一种昆虫）	葙（xiāng，像鸡冠花一样的植物）	漪（yī，水波纹）		
	谇（suì，责骂、谏劝）	箱、蝎、样	勰（xié，和谐、协调）		
	琐、锑、嘻	萱（xuān，忘忧草）	写、颓		

续表

五行属性	金	木	水	火	土
字	腺、销、锌	窳(yǔ,粗劣、懒惰)			
	哓(xiāo,恐惧、吵嚷)	媵(yìng,随嫁之人)			
	糌、帜、皱	葤(zhòu,用草包裹)			
	陉(xíng,山脉中断处)	樟、箸(zhù,筷子)			
	儇(xuān,轻佻、聪明而狡猾)	萼(è,花瓣的托叶)			
	缊(yùn,乱麻、旧絮)				
	驵(zǎng,好马、壮马)				
	锃(zèng,闪光耀眼)				
	稹(zhěn,细密)				
	翥(zhù,鸟向上飞)				
	鄹(zhōu,古代国名)				
	郰(zōu,孔子家乡)				

十六画 (458字)

五行属性	金	木	水	火	土
姓	战、钱	过、阎、蒯	霍、潘、鲍	龙、陈、陶	衡、阴、燕
	穆、诸	冀、嬴、遇	蒙、郿(yǔ)	骆、赖、卢	融
	谌(chén,相信、真诚;姓,也有读 shèn)	鄂、苍		陆、都、滕	
字	羲、撞、錐	樽、谐、篆	潢、鞔(mán)	道、晓、撤	运、嗳、鸭
	铮、静、醒	桥、横、蒺	学、勲、兴	瑾、撑、赌	螯(áo)、豫

续表

五行属性	金	木	水	火	土
字	儒、铸、雕	橘、笃、谚	霏、澳、落	谍、吨、撩	驾、磨、墙
	锱(zī,重量单位)	篰(bù)、蔀(bù)	奋、默、宪	录、炖、靛	谓、颐、郓
	辑、整、钢	朴(不作为姓,繁体)	遍、抚、翰	头、遁、奄	峄(yì)
	舱、陲、尘	筑、莼、嘴	潮、澈、憋	灯、掸、惮	嫒(ài,尊称别人的女儿)
	锤、锡、缜	篚(fěi,竹器)	寰、涧、蚂	谛、踱、撅	谙(ān,精通、熟记)
	锝(dé)	机、犟、举	骂、鲅、办	积、獗、獠	聱(áo,文词艰涩)
	锯、凭、锫	蒿、剂、谏	谋、凝、霈	陵、瘘、鸵	懊、壁、惯
	踹(chuài)、鄃(shū)	鄄(juàn)	频、潜、浔	捞、擂	碜(chěn,夹杂沙子、难看)
	撙(zǔn,裁减、节省)	蓖、树、蒜	沄(yún,水汹涌流动)	遂、昙、臻	碛(qì,水中沙堆)
	憧(chōng)、噻(sāi)	器、鞘、樵	蒎(pài,化学名词)	谄、燎、焖	坛、违、歙
	穇(cǎn)、绉(zhòu)	樵、盘、遒	漽(tí,淘米水)	唧、廊、鲇	怃(wǔ,怅然、爱怜)
	劓(yì,割鼻酷刑)	蒴(shuò,接骨草)	虣(bào,猛兽、暴虐)	鸱(chī,鹞鹰)	遐、噫、馀
	锞(kè,金锭或银锭)	橙、饿、遏	惫、辨、拨	炽(chì,热烈旺盛)	阉(yān,割生殖器)
	鋈(wù,白色金属)	橡、萦、橄	甏(bèng,大坛子)	俦(chóu,同辈、伴侣)	殪(yì,杀死、跌倒)
	陷、噪、餐	骺(hóu)	嬖(bì,宠幸)	辏(còu,聚集、添加)	壅(yōng,堆积、堵塞)
	陬(zōu,隅、角落)	窑、蒸、嘀	觱(bì,一种乐器)	殚(dān,竭尽)	螈、酝、砖
	憯(cǎn,悲痛、忧伤)	荜(bì,同"筚",篱笆)	鮅(bì,赤眼鳟)	蹀(dié,小步走、顿足)	
	蹅(chǎ,在泥水中走)	筚(bì,同"荜")	瘭(biāo)、鲌(bó)	憝(duì,恶、怨恨)	
	侪(chái,同辈、同类)	篦(bì,密齿的梳子)	傧(bīn,接引宾客的人)	燔(fán,焚烧、烤熟)	

续表

五行属性	金	木	水	火	土
	幨(chān,帷幔)	篘(chōu,竹制酒具)	饽、播、膊	燚(yì,火的形态)	
	阊(chāng,天门、正门)	谔(è,直言争辩)	馞(bó,香气浓烈)	缡(lí,妇女佩巾)	
	氅(chǎng,大衣、外套)	阏(è,壅塞)	潺、澄、愤	曆(lì)	
	鋹(chǎng,锐利)	噩、颖、篙	讽、骸、骇	廪(lǐn,米仓)、瘰(luǒ)	
	踸(chěn,跳行、奔跃)	蒽(ēn,化学名词)	鲋(fù,鲫鱼)	遖(nan)、挠(náo)	
	赪(chēng,红色)	噶(gá,西藏原官府)	颔(hàn,下巴颏)	哝、燃、烧	
	褫(chǐ,剥夺、解除)	糕、膈、骼	翮(hé,鸟的翅膀)	遒(qiú,同“遒”)	
	瘳(chōu,病愈、损害)	缟(gǎo,本色的绢)	醐、遑、讳	鲐(tái)、赭(zhě)	
	遄(chuán,频繁、迅速)	鸪、毂、龟	阍(hūn,宫门)	糖、蹄、醍	
字	璀(cuǐ,珠玉的光泽)	掼(guàn,摔、跌)	浇、洁、溃	螗(táng,一种小蝉)	
	輴(chūn,灵车)	髻、颊、踺	噱(jué,大笑)	绦(tāo,丝织带子)	
	錞(chún,古代军乐器)	黉(hóng,学校)	潦(liào,雨水过多)	暾(tūn,初升的太阳)	
	璁(cōng,似玉的美石)	鲎(hòu)、耩(jiǎng)	涝、霖、瞒	踵、猪、撰	
	撮、蹉、错	墼(jī,未烧的砖坯)	悯、螟、霓	橐(tuó,口袋)	
	鹾(cuó,盐、咸味)	缣(jiān,双丝细绢)	瘼(mò,疾病、疾苦)	熹(xī,光明炽热)	
	锭、辐、锦	蒹(jiān,芦苇)	螃、耪、陪	璇(xuán,美玉)	
	锢(gù,铸造用语)	噤、颈、憬	澎、蹁、瓢	谑(xuè,开玩笑)	
	锪(huò,机床刀具)	挢(jiǎo,纠正、翘起)	骈(pián,成双、对偶)	燠(yù,暖、热)	
	锟(kūn,宝剑代称)	徼(jiāo,窃取;jiào,巡逻)	谝(piǎn,花言巧语)	璋(一种玉器)	

续表

五行属性	金	木	水	火	土
字	锩(juǎn,刀刃卷曲)	缙(jìn,赤色的帛)	瞟、撇、瞥	髭(zī,嘴边的胡子)	
	铼、钔、锰	踽(jǔ,孤独行走)	鲆(píng)、氆(pǔ)	燊(shēn,旺盛)	
	揿(qìn,用手按)	窭(jù,贫穷、贫寒)	扑、润、撒		
	锜(qí,三足的釜)	橛、瞰、裤	霎、潸、潭		
	锖(qiāng,矿石表面氧化膜的颜色)	麇(jūn,獐子;qún,成群)	潲(shào,雨水斜洒)		
	嫱(qiáng,宫内女官)	眍(kōu,眼睛深陷)	渑(miǎn)、阌(wén)		
	瘸、蹂、褥	哙(kuài,吞咽、畅快)	澍(shù,及时雨)		
	缛(rù,繁多、繁琐)	窥、梦、黔	澌(sī,消亡)		
	嬗(shàn,更替、变迁)	愦(kuì,昏乱、糊涂)	烫、潼、沩		
	膳、输、蛳	篥(lì,一种乐器)	隈(wēi,角落、山水弯曲处)		
	撕、稣、颓	褰(qiān,揭起)	涠(wéi,积聚的污水)		
	锬(tán,长矛)	橇、撬、亲	廨(xiè,官署)		
	螅、锨、逾	擒、磬、蓉			
	阋(xì,争吵、不和)	檎(qín)、螓(qín)			
	髹(xiū,用漆漆物)	鼽(qiú,鼻塞不通)			
	谖(xuān,欺诈、忘却)	糗(qiǔ,古代指干粮)			
	谒(yè,拜见、请求)	鸲(qú,鸟类的一属)			
	觎(yú,非分之望)	桡(ráo,桨、楫)			
	谕、憎、甑	蓐(rù,草垫子)			
	瘵(zhài,痨病、困苦)	荪(sūn,一种香草)			
	麈(zhǔ,四不像)	魇(yǎn)、蓑(suō)			

续表

五行属性	金	木	水	火	土
字		蓊（wěng，草木茂盛）			
		樨（xī，桂花）			
		县、啸、蓄			
		樾（yuè，树荫、庇护）			
		缢（yì，吊死、勒死）			
		阈（yù，门槛、界限）			
		圜（yuán，天体；huán，围绕）			
		蓁（zhēn，草木茂盛）			
		擎、萤、蓓			

十七画（360字）

五行属性	金	木	水	火	土
姓	赛、鲜、谢	鞠、蒋、蔡	韩、縻、慕	缪、禤（xuān）	应、郄
	隋、蹇、邹	蓬、蔚、魏		戴、隆、厉	阳
	栾	檀、蒲			
字	声、谄、锗	谦、媾	缝、鸿、繁	暖、痨、燧	优、远、嵘
	骏、毡、翼	讲、縻、鸽	霞、缚、璜	琎（jīn）、龀（chèn）	闹、忆、怿
	聪、逊、总	隍、激、鲛	禧、斛、澧	灿、励、烛	嶷、膺、拥
	痫、禅、操	艰、检、栏	璟、弥、澶	临、黛、锻	屿、辕、癌
	徽、独、锷	簌（sù）、謇（jiǎn）	乡、嫔、点	队、绩、纵	隘、闇（àn）
	链、镅、遣	矫、阶、恳	璠（fán）、獬（xiè）	瞳、骋、阑	醠（àng）、鮟（ān）

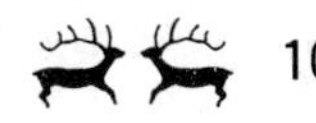

续表

五行属性	金	木	水	火	土
字	鍪(móu)、糜(mí)	联、蓼、檤	憾、阔、濂	丑(繁体为"醜")	遨、謸(áo)
	獳、鍼(qián,姓;zhēn,针)	榔、罄、芗	撼、摹、膜	饧(xíng)、誊(téng)	磴、礅、鲑
	戏、谡(sù)	蕖(qú)、阒(qù)	璞、皤(pó)	襄、遥、瞠	壕、螯、磺
	舆、斋、擦	荫、营、莠	馄、泽、嚎	褶(zhě)、繇(yáo)	矶、礁、圹
	镁、锅、镀	蔽、苁、簇	浍、褾(同"裱")	隶、担、瘅	岭、硗(qiāo)
	饯、键、锴	蔟、档、瞪	豳(bīn,同"邠")	挡、蹈、爵	压、鲔(wěi)
	跄、锹、锲	懂、莵、篼	鼢(fén)、檗(bò)	鲕(ér)、鸸(ér)	婴、翳(yì)
	嚅、谥、蟀	擀、篝、购	擐(huàn)、醢(hǎi)	騃(ái)、琎(jīn)	隅、黝(yǒu)
	瞬、锶、耸	簋(guǐ)、鸹(guā)	诨、蒗、潞	鎧(ái)、缧(léi)	龠(yuè,乐器名)
	缩、膝、蟋	蹊、馆、磲(qú)	嫪、缦、蟒	[illegible]md、裢、殓	嬲(niǎo,纠缠、戏弄)
	篌、馅、糟	蝈、癀、桧	蝨、谜、谧	魉、疗、膛	
	瞢、铡、嘟	豁、击、玑	浓、蟠、貔	懔(lǐn)、瞵(lín)	
		哜、捡、胶	缥、螵、霜	煺、耧、磷	
		觊(jì)、鲒(jié)	濉(suī)、潚(sù)	蝼、缕、鸾	
		茑(niǎo)、鞫(jū/jú)	涟、鲞(xiǎng)	螺、麋、黏	
		飓、糠、颗	淀、懈、亵	烩、膾、咛	
		挎、檄、蔻	鲟、澡、粪	遢、蹋、螳	
		狯(kuài)、髁(kē)	劢(mài,努力)	醺、遛、赘	
		亏、檑、莲	漭、螨、暮	嚏、瞳、臀	
		敛、檩、篓	澹(tán,姓;dàn,水纡回貌、安静;shàn,通"赡")	螽(zhōng)、疃(tuǎn)	
		蒌、篚、蔓		嗵、谣、燥	
		蓿(xù)、甍(méng)		燮(xiè)、繇(yáo)	

续表

五行属性	金	木	水	火	土
		篾、据、趋		择、辗、蟑	
字		璥(jǐng,一种玉)		膣(zhì)、鸷(zhì)	
		萴(cè)		罹(lí,苦难、不幸)	
		曲、椰、瞧			
		蓰(xǐ)、篸(cǎn)			
		檠(qíng,灯架、烛台)			
		箦(zé)、罅(xià)			
		蔑、檜、魈			
		栉(zhì)、蔫(niān)			
		屦(jù,麻葛制的鞋)			
		辖、狱、蔗			
		赚、桩、樯			
		岳(繁体为十七画)			

十八画(278字)

五行属性	金	木	水	火	土
姓	储、聂、双	颜、归、瞿	濮、丰	丛	鄢
	阙	简、璩(qú)			
		隗(wěi/kuí)			
字	翱、锁、璨	鹃、骐、获	馥、滨、闯	礼、痴、戳	碍、彝、础
	鬃、环、蝉	骑、观、槟	翻、鞭、癍	癜、适、烬	蹦、韪、医
	擤(xǐng)、鄜(fū)	桦、蕃、荞	覆、濠、谟	转、断、噜	墉(yōng)、鄞(yín)
	镐、镇、缮	簧、蕙、谨	泞、杂、濡	鲤、粮、璐	瑷(ài)、韫(yùn)
	颛(zhuān)、巂(xī)	董(dǒng)、蕤(ruí)	穗、潍、帮	曙、焘、题	袄、盦(ān)

续表

五行属性	金	木	水	火	土
字	蟵(chú)、赜(zé)	蕈(xùn)、芜(wú)	谤、鳖、鲨	阒、瞟、曜	硷(jiǎn)、璧(bì)
	雏、织、缯	檫、槌、箄	颰(bá)、跸(bì)	谪、贽、虫	垒、礓(jiāng)
	鳌、镑、窜	蒇(chǎn,完成)	潷(bì)、鞴(bèi)	擢(zhuó)、鞮(dī)	黟(yī)、讴
	鵯(bì)、鎞(bī)	簟(diàn)、簦(dēng)	鄙、毙、膨	醪(láo)、怼(duì)	瘾
	儭(chèn)、繟(chǎn)	鹅、额、颚	鯆(pū)、髀(bì)	膦(lìn)、厘(lí)	鼬、垦
	懤(chóu)、艟(chōng)	搁、隔、鲠	奰(bì,不醉而怒)	缭、耢、诺	陨(yǔn)
	镉、秽、蠓	謩、挤、遘	摈、殡、济	晔(yè)、侓(lù)	
	劐(huō)、蹙(cù)	觏(gòu)、鹄(gǔ)	鹁(bó)、濯(zhuó)	谬、辘、懦	
	膗(chuài)	鲧(gǔn,大禹之父)	鵏(bǔ)、馎(bó)	耨(nòu)、蛲(náo)	
	镓、铠、镏	犄(jī)	螅(huì)、黻(fú)	抬、鹈、魍	
	镎、啮、镍	蟥、虮、鲫	阖(hé)、赙(fù)	烨、瞻	
	拧、狞、镕	蕺(jí)、鲣(jiān)	鄠(hù,地名)	障、遮、职	
	阕、遭、鞣	鄀(ruò)、睑(jiǎn)	缋(huì)、鲩(huàn)	骓(zhuī)、踬(zhì)	
	铩、蟮、觞	蕉、裥、槛	滥、谩、荡	餮(tiè)	
	婶、飕、钨	谫(jiǎn)、蒉(kuì)	鄤(màn,古地名)		
	巂(guī,鸟名)	觐、旧、蕨	鄚(mào,古地名)		
	燹(xiǎn,野火)	糨(jiàng)、骒(kè)	朦、馍、貘		
		聩(kuì)、篑(kuì)	鄍(míng,古地名)		
		拦、翘、绕	蹣、蟛、癖		
		拟、腻、柠	獯(xūn,匈奴的古称)		
		荨、襁、窍	湿、涛、隙		
		鄡(qiāo,地名)			

续表

五行属性	金	木	水	火	土
字		甍(méng)、苘(qǐng)			
		蕞(zuì)、觑(qū/qù)			
		荛(ráo)、鬈(quán)			
		穑(sè,耕作、收割)			
		蕊、蔬、躯			
		梼(táo,愚昧)			
		梼(chóu,同"筹")			
		黠(xiá)			
		酱、蝇、簪			
		鹆(yù)、蜮(yù)			
		蓥(yíng,琢磨使光泽)			

十九画 (250字)

五行属性	金	木	水	火	土
姓	薛、迟	关、萨、蚁		郑、邓、庞	
	谯(qiáo)	萧、肖、蓟		谭、罗	
		难			
字	选、赞、锵	簸、麒、攀	谱、鹏、瓣	韬、玺、丽	疆、礤(cǎ)
	识、迁、遵	愿、缴、鲵	向、簿、绘	掷、类、际	垆、稳、坜
	蟾、宠、畴	鲸、鲲、蕾	猎、浏、瀑	离、帘、辽	坏、爊(āo)
	辞、祷、镝	橹、扩、橱	滢、鹎(bēi)	遴、庐、撵	垄、垅、鹌
	铿、鎏、镗	麓、撷(xié)	襞(bì,衣服褶子)	烁、绎、赠	骛(wù)、鹉(wǔ)
	系、暹、镳	签、蔷、遗	瀌(biāo,雨很大)	鲷、鄣、辙	繶(yì)、嬿(yàn)

续表

五行属性	金	木	水	火	土
字	铲、镖、镞	薜(bì)、蕹(wèng)	瘪、醭(bú)	薆(ài)、骘(zhì)	臃、韵
	錾(zàn)、襜(chān)	蒮(yù)、薋(cí)	瀍(chán,河流名)	哒、郫、裆	
	鲳、惩、蹴	蹬、椟、臟	懵、鹑、渎	摆、爆、蹭	
	颠、牍、犊	薅(hāo)、犷(guǎng)	鲱、蹯(fán)	嘲、蛏(chēng)	
	镜、镂、镘	薨、蕻、谎	羹、耩(gōu)	骴(cī)、歠(chuò)	
	锚、镆、锘	讥、轿、缰	鲴、缳、嚯	蠊(lián)、鸫(dōng)	
	颡(sǎng)、谮(zèn)	醮、襟、馑	溅、懑(mèn)	蹲、奮、蹶	
	铘(yé,古代宝剑名)	栎(lì)、鬏(jiū)	蠓、祢、靡	胴、谲、呖	
	臊、骚、膻	绔、胯、脍	湎、鹋、骗	羸(léi)、臁(lián)	
	鄯、绳、兽	旷、枥、荟	鄱、蹼、扰	曝、螟、脸	
	璹(shú)、摅(shū)	跷、髂(qià)	浦、雾、泻	裣、邻、遴	
	馐(xiū)、馊(sōu)	薏、缲(qiāo)	霪、滢	辚、鲮、馏	
	鲰(zōu,短小丑陋)	曲(qū,同“麴”)		咙、撸、氇	
	鹊、擞、鲭	黢(qū,黝黑)		硚(qiáo)、蠃(luǒ)	
	腿、躁	醛、薯、薇		鲶、撵、脓	
		籀(zhòu)		觯(zhì,青铜酒器)	
		薤(xiè,薤露为古代挽歌名)		鼗(táo,拨浪鼓)	
		蟹、薪、赝		鄩(xún,河南地名)	
		莶(xiān,草药名)		褪、导、螂	
		嚆(hāo,呼叫)		琏(liǎn,宗庙器皿)	

二十画（197 字）

五行属性	金	木	水	火	土
姓	续、钟	严、阚、蓝	怀、薄	党、窦、宝	
		籍、邀、龋			
字	繍、献、释	琼、竞、议	瀛、膀、缤	龄、躅、继	壤、骜(ào)
	馨、触、糙、爔(xī)	纂(zuǎn)、藁(gǎo)	濒、颟(mān)	糯、腾、阐	矿、巉(chán)
	镡(chán)、铴(tàng 或 tāng)	藏、篮、榉	迈、馒、鹛	胧、藏、郫	鼯、岿、砾
	譫(zhān)、襦(rú)	郐(kuài)、喾(kù)	龅(bāo)、魔	鲽、嚼、懒	鳌、邺、瘾
	孀、霰(xiàn)	篡、馈、筹	鳊(bī)、蠛(miè)	矍、遽、痨	嘤、罂、堕
	驺(zōu)、犨(chōu)	藊(biǎn,扁豆)	譬、潴、避	黧、醴、飘	
	镫、鳍、镦	槠(zhū)、榇(chèn)	辫、鳊、潆	赡(shàn)、骝	
	镄(fèi)、镨(fán)	鹗、鳄、鳇	襣(bì,短裤)	拢、炉、獭	
	铧、镱、锏	蠖(huò)、攉(huō)	躄(bì,跛脚)	掳、羸、褴	
	鐎、镢、锎	黦(yuè,黄黑色)	蠙(bīn)、穮(biāo)	耀、挞、曦	
	镣、镈、铹	醵(jù)、遽(jù)	膑、黼(fǔ)	龆(tiáo,儿童换牙)	
	镢(juē)、镄(lín)	觉、跨、栊	还、鳆、瀚	鼍(tuó,扬子鳄)	
	聍、镤、错	栌、纩(kuàng)	濩(huò)、鹕	瓆(zhì,古人用名)	
	缱、镪、译	檬、藐、篷	濑、沥、泷	聍(níng,耳垢)	
	謦(qǐng)、黥(qíng)	脐、蛴、荠	泸、鬘(mà)		
	镟(quán,门钩)	骞、鳅、劝	潇、嚷、瀜		
	蝶、襦、蠕	薹(tái)、薷(rú)	邂、瀊、醚		
	繻(xū,彩色丝绸)	藉、舰、牺			
	鳃、馓、骗	献、悬、薰			

续表

五行属性	金	木	水	火	土
字	鳋(sāo)	橥(zhū)、橼(yuán)			
	璺(wèn,裂纹)	警			

二十一画（123字）

五行属性	金	木	水	火	土
姓	铁	顾、饶、夔			
字	瀼(ráng)	赆(jìn)、鹘(gǔ)	瀷(yì,地面积水)	澜、缠、踌	鳌、礴、蠡
	骖(cān)、鐾(bèi)	藨(biāo)、龈	霸、黯、辩	览、露、蠡	砺、砻、碌
	虿(chài)、鸧(cāng)	鳏、饥、鸡	瀵(fèn)	馔(zhuàn)、爝(jué)	撄、礤、巍
	搀、忏、蠢	鹣(jiān)、歼	飚、藩、醺	腊、蜡、癞	誉、跃
	衬、韂(chàn)	茧、樱、莺	邈、蛩(qióng)	藜、斓(lán)	
	铛、躇、呲	颢、藜、藕	潋、骠、膘	俪、珑、龇	
	鹚、骢、铎	驱、轿(qiáo)	飙、瀿(fán)	跻、烂、累	
	镭、镌(juān)	藤、薮(sǒu)	襮(bó,绣花衣领)	疬、髅、罏	
	镰、鏴、谴	器、药、艺	鹤、轰、护	骡、曩(nǎng)	
	嗫(niè)	蔀(bù,纪年单位,草席)	瀐(jiān)、瀹(yuè)	鳎、鲦、鳐	
	麝、随、隧	篰(bù,竹篓、简牍)	猕、腼、霹	鹞、灶、啸	
	邃		鼙(pí,军中小鼓)	迩	
	险、镱、镯		鳍、瀼、攘	傩(nuó,姿态柔美)	
	踯(zhí)、儹(zǎn)		濁(zhuó,雨声)		
	属、郰(zōu)				

二十二画（98字）

五行属性	金	木	水	火	土
姓		龚、邝、蔺	边		
		权、苏			
字	铸、袭、骁	骅、欢、蘅	沣、鳔、藻	叠、读、傥	峦、巅、鸥
	骣(chǎn)、癣(xuǎn)	蔼、骄、籁	鳕、鳖、霾	颤、龊、龛	璎、懿、隐
	鉴、镔、镲	瓘(guàn,玉器名)	霁(jì)、滠(shè)	饕(tāo)、籴(dí)	鳙
	躔、蹰、攞	笺(jiǎn,竹子名)	灌、鳗、响	聋、蜡、舻	饔(yōng,熟食)
	冁(chǎn,笑的样子)	蔑、笼、龙	艨、鳘(mǐn)	听、邋、鲢	
	摛(chī,舒展、铺陈)	芦、蘑、孽	耱(mò,农具)	躐(liè)、粝(lì)	
	隰、慑、镬(huò)	苹、蕲、俨	瓤、穰、飨	鹨(liù)、驎(lín)	
	跫(qióng,脚步声)	氍(qú,毛织地毯)		瘫、胪、孪	
		蕴、瘿、龉(yǔ)		囊、摄、赎	
		鬻(yù,卖)		觌(dí,见面)	
				弯、鹧、漓	

二十三画（56字）

五行属性	金	木	水	火	土
字	脏、颥(rú)	蘩(fán)、欑(cuán)	变、鷩(bì)	体、雠(chóu)	娈(luán,美好)
	黪(cǎn,昏暗)	藿、鳜(guì)	鬟、鲼(fèn)	蛎、恋、鹣	缨
	齄(zhā)	鹫(jiù)、鹪(jiāo)	滩、禳(ráng)	鳞、轳、猡	靥(yè,酒窝儿)
	黲(同"黪")	蠲(juān,除去)		显、摊	
	髑(dú,骷髅)	兰、蔹(liǎn)		箨(tuò,竹笋外皮)	

续表

五行属性	金	木	水	火	土
字	镥、鳝、鸶	椤、蓦、蘖			
	髓、铄(shuò)	蘧、癯、藓			
	鳍、曦(xī)	鼹、验、驿			
	纤、鹇、攒	鹬(yù)			
	鳟				

二十四画（9字）

五行属性	金	木	水	火	土
字	鑫、镳(biāo)		鹰、艳	灵、鹭、瘫	霭
	嘱				

二十五画（33字）

五行属性	金	木	水	火	土
字	鑶(cáng，铃声)	观、鲚(jì)	灞、酆、灏	叆(ài，云彩很厚)	
	镵(chán，锐器)	髋、榄、萝	漯、濩(hù)	揽、纛(dào)	
	铠、躔、镧	箩	蛮、蘼	鬣(liè，鬃毛)	
	蹑、镶、赃	蘸(zhàn)	襻(pàn)	颅、酃(líng)	
	璛(sù，琢玉工人)	缵(zuǎn，继承)		摞、厅	

二十六画（14字）

五行属性	金	木	水	火	土
姓				郦	
字	馋、镩(cuān)	躜(zuān)、蠼(qú)	湾	逦、逻、驴	

续表

五行属性	金	木	水	火	土
字	骥、镊			攮(nǎng)	
	趱(zǎn)、跹(xiān)				

二十七画（15字）

五行属性	金	木	水	火	土
字	黩、銮、锣	颧、谳(yàn)	缬(xié)、滦	缆、谠、鲈	
	钻、颞(niè)	酽		鸬、骧	

二十八画（10字）

五行属性	金	木	水	火	土
字	齼	笾(biān)、戆(gàng)	滟、[illegible](同"戆")	魑、轹(lì)	鹦
		棂(líng，窗格)		跞(lì)	

二十九画（4字）

五行属性	金	木	水	火	土
字	镙			骊、躏	鹳

三十画（5字）

五行属性	金	木	水	火	土
字	爨(cuàn，烧火做饭)		骉(biāo，众马奔腾)	鹂、鲡、馕	

附录一

《百家姓》

（单姓 444 个）

赵钱孙李	周吴郑王	冯陈褚卫	蒋沈韩杨	朱秦尤许
何吕施张	孔曹严华	金魏陶姜	戚谢邹喻	柏水窦章
云苏潘葛	奚范彭郎	鲁韦昌马	苗凤花方	俞任袁柳
酆鲍史唐	费廉岑薛	雷贺倪汤	滕殷罗毕	郝邬安常
乐于时傅	皮卞齐康	伍余元卜	顾孟平黄	和穆萧尹
姚邵堪汪	祁毛禹狄	米贝明臧	计伏成戴	谈宋茅庞
熊纪舒屈	项祝董梁	杜阮蓝闵	席季麻强	贾路娄危
江童颜郭	梅盛林刁	钟徐邱骆	高夏蔡田	樊胡凌霍
虞万支柯	昝管卢莫	经房裘缪	干解应宗	丁宣贲邓
郁单杭洪	包诸左石	崔吉钮龚	程嵇邢滑	裴陆荣翁
荀羊於惠	甄魏家封	芮羿储靳	汲邴糜松	井段富巫
乌焦巴弓	牧隗山谷	车侯宓蓬	全郗班仰	秋仲伊宫
宁仇栾暴	甘钭厉戎	祖武符刘	景詹束龙	叶幸司韶
郜黎蓟薄	印宿白怀	蒲台从鄂	索咸籍赖	卓蔺屠蒙
池乔阴郁	胥能苍双	闻莘党翟	谭贡劳逄	姬申扶堵
冉宰郦雍	却璩桑桂	濮牛寿通	边扈燕冀	郏浦尚农
温别庄晏	柴瞿阎充	慕连茹习	宦艾鱼容	向古易慎
戈廖庚终	暨居衡步	都耿满弘	匡国文寇	广禄阙东

殴殳沃利　蔚越夔隆　师巩厍聂　晁勾敖融　冷訾辛阚
那简饶空　曾毋沙乜　养鞠须丰　巢关蒯相　查后荆红
游竺权逯　盖益桓公　仉督晋楚　闫法汝鄢　涂钦归海
岳帅缑亢　况后有琴　商牟佘佴　伯赏墨哈　谯笪年爱
阳佟言福

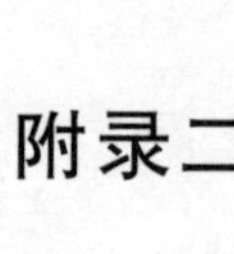

附录二

复姓一览表

（60 个）

上官	东方	万俟（Mò qí）	赫连	欧阳
夏侯	公羊	司马	宗政	濮阳
诸葛	澹台	闻人	太叔	淳于
尉迟	公冶	皇甫	申屠	单于
公孙	亓官	令狐	仲孙	轩辕
鲜于	子车	巫马	钟离	宇文
羊舌	夹谷	漆雕	长孙	慕容
司空	谷梁	拓拔	司徒	呼延
司寇	东郭	宰父	端木	南宫
颛孙	东门	百里	乐正	左丘
公西	南门	微生	公良	梁丘
壤驷	闾丘	西门	段干	第五

注：凡遇复姓，将复姓的两个字分别计算笔画数和各自的五行属性，然后与名字一起加以判断。

后　　记

写本书最初的起因本来只是想与友人分享如何计算一个汉字的笔画数和确定其五行属性的方法。那样的话，本书仅仅是一本相对简易的工具书而已。有朋友建议将本书定位为讨论中国特有的姓名文化的著作。但是，中国的姓名文化博大精深，涵盖了姓氏起源、名字内涵、五行概念、易经卦象等等领域。如果不涉及姓氏的源头、分析名字的内涵，则不能归入姓名文化范畴。因此，这迫使笔者的写作思路和内容由窄变宽。

近年来，笔者按照本书的规则替人起名或改名已经数百人，至今尚未出现重名现象，而且委托起名的朋友都感到满意。这也是笔者写本书的动因。因此，笔者希望让更多人了解或者掌握这种规则，让华夏传统文化得以传承和发扬。

对于本书提到的其他起名方法，笔者没有也不敢去否定它们。在姓名学领域，本来就没有什么权威的标准可言。应该百花齐放，仁者见仁，智者见智。只是对于那个所谓日本人发明的“熊崎氏八十一数姓名学”，笔者认为首先应该正本清源，它的源头还是杨坤明先生发明的。而且日本人即使添加了一些东西，依然给人知其然不知其所以然的感觉。因此，笔者对它的着墨相对比较多。

当然对于源远流长的姓氏起源和博大精深的中华文化，本书不敢奢望窥一斑而见全豹。如果能起抛砖引玉的作用，吾愿足矣。

还要说明的一点是，本书脱稿后，已经有官方消息说，公安部为了办理公民身份证，规范国人的姓名，避免过分的生僻字，将发布 8000 余字的“规范汉字表”。可惜至今尚未见到该表正式发布，否则，可以在本书的附录中增加之。本书如有幸再版，可以添加进来。有一点可以肯定的是，本书汉字检索表中的汉字不会超出将会发表的“规范汉字表”。

笔者要衷心感谢家人和多位友人，没有他们的支持，也许本书会成为拖沓篇，更不知何时才能付印。

周德元

己丑年春月完稿于南海之滨